Stefanie Drecktrah · Mareike Hahn

Rechtschreiben mit Rico Schnabel 3

Selbstständig Rechtschreibung und Grundwortschatz trainieren

Silbierte Ausgabe

LÖSUNGSBEILAGE

Konkrete und abstrakte Nomen

1 Stimmt das? Dann setze einen Haken ✔ in das Kästchen.

☑ **Konkrete Nomen** benennen Menschen, Tiere, Pflanzen und Dinge. Beispiel: der Tisch

☑ **Abstrakte Nomen** benennen Gefühle und anderes, das wir nicht berühren können. Beispiel: die Angst

2 Schreibe die **konkreten Nomen**.

~~der Tisch~~	~~der Arzt~~	~~die Brille~~	~~die Gans~~
~~der Kamin~~	~~die Jacke~~	~~der Löffel~~	~~das Mädchen~~
~~das Reh~~	~~der Käfig~~	~~die Nuss~~	~~die Tanne~~

der Tisch	der Arzt
die Brille	die Gans
der Kamin	die Jacke
der Löffel	das Mädchen
das Reh	der Käfig
die Nuss	die Tanne

3 Schreibe die **abstrakten Nomen**.

~~die Angst~~	~~die Freude~~	~~der Frieden~~	~~der Durst~~
~~die Hitze~~	~~der Geruch~~	~~die Pflicht~~	~~die Gefahr~~

die Angst	die Freude
der Frieden	der Durst
die Hitze	der Geruch
die Pflicht	die Gefahr

Konkrete und abstrakte Nomen ordnen

Ordne und schreibe die Nomen.

~~das Zelt~~	~~der Geschmack~~	~~das Wissen~~	~~der Strauch~~
~~die Eltern~~	~~der Hunger~~	~~die Uhr~~	~~der Lärm~~
~~der Tiger~~	~~die Kiefer~~	~~der Spaß~~	~~die Kartoffel~~
~~die Ruhe~~	~~der Pilz~~	~~der Kamm~~	~~der Zirkel~~
~~der Schreck~~	~~das Glück~~	~~die Zukunft~~	~~die Qual~~
~~der Stift~~	~~der Abend~~	~~die Ampel~~	~~die Minute~~

konkrete Nomen (Menschen, Tiere, Pflanzen, Dinge)

das Zelt	der Strauch
die Eltern	die Uhr
der Tiger	die Kiefer
die Kartoffel	der Pilz
der Kamm	der Zirkel
der Stift	die Ampel

abstrakte Nomen (Gefühle und anderes, das wir nicht berühren können)

der Geschmack	das Wissen
der Hunger	der Lärm
der Spaß	die Ruhe
der Schreck	das Glück
die Zukunft	die Qual
der Abend	die Minute

Konkrete und abstrakte Nomen ordnen

Ordne und schreibe die Nomen.

~~das Laub~~	~~der Drang~~	~~die Mütze~~	~~das Pflaster~~
~~die Freiheit~~	~~der Freund~~	~~die Hoffnung~~	~~der Ärger~~
~~die Tasse~~	~~die Wut~~	~~der Spiegel~~	~~der Mann~~
~~die Liebe~~	~~der Moment~~	~~die Traurigkeit~~	~~das Schloss~~
~~der Mut~~	~~die Blume~~	~~die Kirche~~	~~die Lust~~
~~die Wurst~~	~~die Maus~~	~~die Nacht~~	~~der Herbst~~

konkrete Nomen (Menschen, Tiere, Pflanzen, Dinge)

das Laub	die Mütze
das Pflaster	der Freund
die Tasse	der Spiegel
der Mann	das Schloss
die Blume	die Kirche
die Wurst	die Maus

abstrakte Nomen (Gefühle und anderes, das wir nicht berühren können)

der Drang	die Freiheit
die Hoffnung	der Ärger
die Wut	die Liebe
der Moment	die Traurigkeit
der Mut	die Lust
die Nacht	der Herbst

Konkrete und abstrakte Nomen ordnen

Ordne und schreibe die Nomen.

~~das Lineal~~	~~die Mühe~~	~~die Nähe~~	~~die Sprache~~
~~die Mutter~~	~~der Schlüssel~~	~~die Sicherheit~~	~~der Spatz~~
~~die Trauer~~	~~das Vertrauen~~	~~der Stolz~~	~~der Pullover~~
~~die Rose~~	~~der Trost~~	~~die Freundin~~	~~der Hase~~
~~die Vorsicht~~	~~die Gurke~~	~~die Schwester~~	~~der Schall~~
~~die Angel~~	~~die Zuneigung~~	~~die Hilfe~~	~~die Lupe~~

konkrete Nomen (Menschen, Tiere, Pflanzen, Dinge)

das Lineal	die Mutter
der Schlüssel	der Spatz
der Pullover	die Rose
die Freundin	der Hase
die Gurke	die Schwester
die Angel	die Lupe

abstrakte Nomen (Gefühle und anderes, das wir nicht berühren können)

die Mühe	die Nähe
die Sprache	die Sicherheit
die Trauer	das Vertrauen
der Stolz	der Trost
die Vorsicht	der Schall
die Zuneigung	die Hilfe

Nomen: Mehrzahl bilden

Schreibe die Mehrzahl.

+n

die Bremse – viele Bremsen	die Tasche – viele Taschen
die Seite – viele Seiten	die Nase – viele Nasen
der Nachbar – viele Nachbarn	die Küste – viele Küsten
die Linie – viele Linien	die Karte – viele Karten

+e

der Flur – viele Flure	der Kreis – viele Kreise
das Tier – viele Tiere	das Fest – viele Feste
der Beruf – viele Berufe	der Pilz – viele Pilze
das Paket – viele Pakete	der Ort – viele Orte

+s

der Tablet-PC – viele Tablet-PCs	der Teddy – viele Teddys
das Radio – viele Radios	das Taxi – viele Taxis
das Hobby – viele Hobbys	die Party – viele Partys
der Uhu – viele Uhus	der Zoo – viele Zoos

Nomen: Mehrzahl bilden

Schreibe die Mehrzahl.

+en

der Herr – viele Herren	das Bett – viele Betten
das Herz – viele Herzen	der Mensch – viele Menschen
die Bahn – viele Bahnen	die Qual – viele Qualen
die Burg – viele Burgen	die Zensur – viele Zensuren

+er

das Feld – viele Felder	das Kleid – viele Kleider
das Nest – viele Nester	das Licht – viele Lichter
das Lied – viele Lieder	das Gesicht – viele Gesichter
der Geist – viele Geister	das Schild – viele Schilder

keine Veränderung

der Finger – viele Finger	das Feuer – viele Feuer
der Lehrer – viele Lehrer	das Getreide – viele Getreide
das Messer – viele Messer	der Samen – viele Samen
der Sessel – viele Sessel	das Gewitter – viele Gewitter

Komposita: Nomen und Nomen verbinden

1 Stimmt das? Dann setze einen Haken ✔ in das Kästchen.

- ☑ Zusammengesetzte Nomen können aus zwei Nomen bestehen.
- ☑ Manchmal wird ein **s** zwischen den Nomen eingefügt. Beispiel: Esel + **s** + Ohr → Eselsohr

2 Bilde zusammengesetzte Nomen und schreibe sie groß.

Nomen + Nomen

Mittag + Essen – Mittagessen	Abend + Essen – Abendessen
Schnee + Mann – Schneemann	Ohr + Ring – Ohrring
Apfel + Baum – Apfelbaum	Fuß + Ball – Fußball
Käse + Brot – Käsebrot	Sport + Tasche – Sporttasche
Sommer + Ferien – Sommerferien	Wasser + Bett – Wasserbett

Nomen + s + Nomen

Esel + **s** + Ohr – Eselsohr	Boot + **s** + Fahrt – Bootsfahrt
Geburt + **s** + Tag – Geburtstag	Advent + **s** + Zeit – Adventszeit
Zeitung + **s** + Papier – Zeitungspapier	Liebe + **s** + Brief – Liebesbrief
Frühstück + **s** + Ei – Frühstücksei	Verkehr + **s** + Schild – Verkehrsschild
Glück + **s** + Pilz – Glückspilz	Rettung + **s** + Boot – Rettungsboot

Komposita: Nomen und Nomen trennen

1 Stimmt das? Dann setze einen Haken ✔ in das Kästchen.

- ☑ Bei der Zerlegung von zusammengesetzten Nomen werden beide Nomen großgeschrieben.

2 Trenne die zusammengesetzten Nomen und schreibe die einzelnen Nomen auf.

Wald|brand	Wald	+ Brand
Fisch|futter	Fisch	+ Futter
Hals|tuch	Hals	+ Tuch
Milch|flasche	Milch	+ Flasche
Telefon|nummer	Telefon	+ Nummer
Polizei|auto	Polizei	+ Auto
Bad|schrank	Bad	+ Schrank
Strom|kabel	Strom	+ Kabel
Kino|film	Kino	+ Film
Hand|tasche	Hand	+ Tasche
Frucht|saft	Frucht	+ Saft
Besen|stiel	Besen	+ Stiel

Komposita: Adjektiv und Nomen

1 Stimmt das? Dann setze einen Haken ✔ in das Kästchen.

☑ Zusammengesetzte Nomen können auch aus einem Adjektiv und einem Nomen bestehen. Beispiel: kühl + Schrank → Kühlschrank

2 Bilde zusammengesetzte Nomen und schreibe sie groß.

Adjektiv + Nomen

kühl + Schrank: Kühlschrank	früh + Stück: Frühstück
hoch + Haus: Hochhaus	bunt + Specht: Buntspecht
weiß + Brot: Weißbrot	wild + Schwein: Wildschwein
klein + Geld: Kleingeld	schnell + Boot: Schnellboot
grau + Gans: Graugans	frei + Markt: Freimarkt

3 Trenne die zusammengesetzten Nomen und schreibe Adjektiv und Nomen einzeln auf.

Braun|bär	braun	+ Bär
Rot|kraut	rot	+ Kraut
Groß|stadt	groß	+ Stadt
Heiß|getränk	heiß	+ Getränk
Frei|zeit	frei	+ Zeit

Komposita: Verb und Nomen

1 Stimmt das? Dann setze einen Haken ✔ in das Kästchen.

☑ Zusammengesetzte Nomen können auch aus einem Verb und einem Nomen bestehen. Beispiel: **schreiben** + Tisch → Schreibtisch

2 Bilde zusammengesetzte Nomen und schreibe sie groß.

Verb + Nomen

schreiben + Tisch: Schreibtisch	**fahren** + Rad: Fahrrad
fahren + Stuhl: Fahrstuhl	**schwimmen** + Bad: Schwimmbad
wohnen + Zimmer: Wohnzimmer	**gehen** + Weg: Gehweg
brüllen + Affe: Brüllaffe	**schaukeln** + Pferd: Schaukelpferd
wandern + Tag: Wandertag	**malen** + Block: Malblock

3 Trenne die zusammengesetzten Nomen und schreibe Verb und Nomen einzeln auf.

Schließ|fach	schließen	+ Fach
Lese|buch	lesen	+ Buch
Gieß|kanne	gießen	+ Kanne
Klapp|bett	klappen	+ Bett
Kletter|wand	klettern	+ Wand

Groß- und Kleinschreibung: Nomen

1 Stimmt das? Dann setze einen Haken ✔ in das Kästchen.

☑ Nomen werden großgeschrieben.

☑ Ich erkenne Nomen daran, ob **der**, **die** oder **das** davorpasst.

2 Streiche **nur die Nomen** und schreibe sie groß mit Artikel.

besser	~~beruf~~	~~fernseher~~	~~luft~~	~~mittag~~

der Beruf – der Fernseher
die Luft – der Mittag

~~draht~~	sogar	~~brücke~~	~~hund~~	~~knopf~~

der Draht – die Brücke
der Hund – der Knopf

~~fluss~~	~~mond~~	~~zucker~~	~~musik~~	ohne

der Fluss – der Mond
der Zucker – die Musik

~~zug~~	~~see~~	~~geburt~~	spät	~~norden~~

der Zug – der See
die Geburt – der Norden

Groß- und Kleinschreibung: Nomen

Streiche **nur die Nomen** und schreibe sie groß mit Artikel.

~~gemeinde~~	hoffentlich	~~beere~~	~~preis~~	~~film~~

die Gemeinde – die Beere
der Preis – der Film

~~welt~~	~~advent~~	oft	~~beispiel~~	~~fuchs~~

die Welt – der Advent
das Beispiel – der Fuchs

~~traum~~	zum	~~boot~~	~~flugzeug~~	~~unterricht~~

der Traum – das Boot
das Flugzeug – der Unterricht

treu	~~kunst~~	~~müll~~	~~obst~~	~~punkt~~

die Kunst – der Müll
das Obst – der Punkt

~~raum~~	~~igel~~	bei	~~religion~~	~~technik~~

der Raum – der Igel
die Religion – die Technik

Groß- und Kleinschreibung: Sätze

1 Unterstreiche in den Sätzen alle Wörter, die du großschreiben musst.
Achtung: Auch Namen und am Satzanfang schreibt man groß.

max hat endlich ferien und freut sich sehr.
er fährt mit seinen eltern in den urlaub.
sie reisen mit dem auto in den süden.
dort wohnen sie in einem häuschen am meer.
die familie wird für eine woche bleiben.
gleich nach der ankunft hüpft max ins wasser.
hoffentlich bleibt das wetter die ganze zeit gut.
dann kann max jeden tag am strand spielen
und im warmen meer schwimmen.
bestimmt lernt er auch neue freunde kennen.

2 Schreibe die Sätze aus Aufgabe 1 richtig auf.

Max hat endlich Ferien und freut sich sehr.
Er fährt mit seinen Eltern in den Urlaub.
Sie reisen mit dem Auto in den Süden.
Dort wohnen sie in einem Häuschen am Meer.
Die Familie wird für eine Woche bleiben.
Gleich nach der Ankunft hüpft Max ins Wasser.
Hoffentlich bleibt das Wetter die ganze Zeit gut.
Dann kann Max jeden Tag am Strand spielen
und im warmen Meer schwimmen.
Bestimmt lernt er auch neue Freunde kennen.

Groß- und Kleinschreibung: Sätze

1 Unterstreiche in den Sätzen alle Wörter, die du großschreiben musst.
Achtung: Auch Namen und am Satzanfang schreibt man groß.

lena bereitet ein referat für die schule vor.
das thema ist „erfindungen aus deutschland".
lena findet das thema ganz spannend.
im internet findet sie viele informationen.
das auto ist eine deutsche erfindung.
auch die straßenbahn und die glühbirne
wurden in deutschland erfunden.
doch eine sache mag lena besonders gern.
ein mann aus bonn hat diese sache erfunden.
die erfindung heißt „gummibärchen".

2 Schreibe die Sätze aus Aufgabe 1 richtig auf.

Lena bereitet ein Referat für die Schule vor.
Das Thema ist „Erfindungen aus Deutschland".
Lena findet das Thema ganz spannend.
Im Internet findet sie viele Informationen.
Das Auto ist eine deutsche Erfindung.
Auch die Straßenbahn und die Glühbirne
wurden in Deutschland erfunden.
Doch eine Sache mag Lena besonders gern.
Ein Mann aus Bonn hat diese Sache erfunden.
Die Erfindung heißt „Gummibärchen".

Nomen mit der Endung -ung

1 Stimmt das? Dann setze einen Haken ✔ in das Kästchen.
☑ Wörter mit der Endung **-ung** sind Nomen. Wir schreiben sie groß.
☑ Der Artikel bei Nomen mit der Endung **-ung** ist immer **die**.

2 Schreibe zu jedem Verb das passende Nomen mit der Endung **-ung**.

~~die Kreuzung~~	~~die Entwicklung~~	~~die Erzählung~~	~~die Kleidung~~
~~die Erklärung~~	~~die Öffnung~~	~~die Ernährung~~	~~die Führung~~
~~die Übung~~	~~die Rechnung~~	~~die Entdeckung~~	~~die Sammlung~~
~~die Wanderung~~	~~die Zeichnung~~	~~die Ordnung~~	~~die Impfung~~
~~die Erwartung~~	~~die Meinung~~		

kreuzen
die Kreuzung

üben
die Übung

erzählen
die Erzählung

führen
die Führung

rechnen
die Rechnung

meinen
die Meinung

erklären
die Erklärung

impfen
die Impfung

kleiden
die Kleidung

ernähren
die Ernährung

erwarten
die Erwartung

öffnen
die Öffnung

sammeln
die Sammlung

ordnen
die Ordnung

entwickeln
die Entwicklung

zeichnen
die Zeichnung

entdecken
die Entdeckung

wandern
die Wanderung

Nomen mit den Endungen -heit und -keit

1 Stimmt das? Dann setze einen Haken ✔ in das Kästchen.
☑ Wörter mit den Endungen **-heit** und **-keit** sind Nomen.
Wir schreiben sie groß.
☑ Der Artikel bei Nomen mit den Endungen **-heit** und **-keit** ist immer **die**.

2 Schreibe zu jedem Adjektiv das passende Nomen mit der Endung **-heit**.

~~die Krankheit~~	~~die Dummheit~~	~~die Trockenheit~~	~~die Gesundheit~~
~~die Freiheit~~	~~die Schönheit~~	~~die Wahrheit~~	~~die Sicherheit~~

krank
die Krankheit

gesund
die Gesundheit

wahr
die Wahrheit

dumm
die Dummheit

frei
die Freiheit

schön
die Schönheit

sicher
die Sicherheit

trocken
die Trockenheit

3 Schreibe zu jedem Adjektiv das passende Nomen mit der Endung **-keit**.

~~die Fröhlichkeit~~	~~die Süßigkeit~~	~~die Pünktlichkeit~~	~~die Wichtigkeit~~
~~die Flüssigkeit~~	~~die Langsamkeit~~	~~die Traurigkeit~~	~~die Feuchtigkeit~~

fröhlich
die Fröhlichkeit

pünktlich
die Pünktlichkeit

flüssig
die Flüssigkeit

feucht
die Feuchtigkeit

süß
die Süßigkeit

traurig
die Traurigkeit

wichtig
die Wichtigkeit

langsam
die Langsamkeit

Lösungen (Seite 20 bis 23)

Nomen mit den Endungen -ung, -heit und -keit: Sätze

1 Unterstreiche alle Nomen mit den Endungen **-ung**, **-heit** und **-keit**.

Herr Bohne hat eine Erkältung und
kann deswegen heute nicht zur Arbeit gehen.
Er ruft im Büro an und meldet seine Krankheit.
Der Chef wünscht ihm gute Besserung.
Danach macht sich Herr Bohne einen Tee.
Wenn man krank ist, braucht man viel Flüssigkeit.
Das ist wichtig für die Gesundheit.
Dann setzt sich Herr Bohne vor die Heizung.
Er nimmt sich die Zeitung und liest ein bisschen.
Mit etwas Hoffnung ist er bald wieder gesund.

2 Schreibe die Sätze aus Aufgabe 1 ab.

Herr Bohne hat eine Erkältung und
kann deswegen heute nicht zur Arbeit gehen.
Er ruft im Büro an und meldet seine Krankheit.
Der Chef wünscht ihm gute Besserung.
Danach macht sich Herr Bohne einen Tee.
Wenn man krank ist, braucht man viel Flüssigkeit.
Das ist wichtig für die Gesundheit.
Dann setzt sich Herr Bohne vor die Heizung.
Er nimmt sich die Zeitung und liest ein bisschen.
Mit etwas Hoffnung ist er bald wieder gesund.

20 Nomen II

Nomen mit den Endungen -e und -er

1 Schreibe zu jedem Wort das passende Nomen mit der Endung **-e**.

~~die Stille~~	~~die Reise~~	~~die Spritze~~	~~die Ernte~~
~~die Falle~~	~~die Spitze~~	~~die Probe~~	~~die Pflanze~~
~~die Tiefe~~	~~die Weite~~	~~die Suche~~	~~die Liege~~

still
die Stille

tief
die Tiefe

spitz
die Spitze

weit
die Weite

pflanzen
die Pflanze

reisen
die Reise

spritzen
die Spritze

proben
die Probe

ernten
die Ernte

fallen
die Falle

liegen
die Liege

suchen
die Suche

2 Schreibe zu jedem Verb das passende Nomen mit der Endung **-er**.

~~der Mixer~~	~~der Lehrer~~	~~der Wecker~~	~~der Bohrer~~
~~der Fehler~~	~~der Fahrer~~	~~der Fernseher~~	~~der Schalter~~

mixen
der Mixer

lehren
der Lehrer

fehlen
der Fehler

schalten
der Schalter

fernsehen
der Fernseher

wecken
der Wecker

fahren
der Fahrer

bohren
der Bohrer

Nomen II 21

Adjektive mit den Endungen -ig und -lich

Ordne und schreibe die Adjektive mit **-ig** und **-lich**.

~~billig~~	~~ängstlich~~	~~lustig~~	~~sportlich~~
~~ordentlich~~	~~riesig~~	~~jugendlich~~	~~vergesslich~~
~~bergig~~	~~glücklich~~	~~ruhig~~	~~wichtig~~
~~durstig~~	~~herzlich~~	~~schmutzig~~	~~wirklich~~
~~fleißig~~	~~höflich~~	~~schrecklich~~	~~witzig~~
~~pelzig~~	~~heimlich~~	~~ähnlich~~	~~sandig~~

-ig

billig	lustig
riesig	bergig
ruhig	wichtig
durstig	schmutzig
fleißig	witzig
pelzig	sandig

-lich

ängstlich	sportlich
ordentlich	jugendlich
vergesslich	glücklich
herzlich	wirklich
höflich	schrecklich
heimlich	ähnlich

22 Adjektive

Adjektive mit den Endungen -ig und -lich

1 Verbinde die Wörter, die zusammengehören.

2 Schreibe die Wortpaare.

Dreck	natürlich	Dreck – dreckig
Natur	dreckig	Natur – natürlich
Freund	freundlich	Freund – freundlich
Ecke	eckig	Ecke – eckig
Hunger	pünktlich	Hunger – hungrig
Punkt	hungrig	Punkt – pünktlich
Kraft	kräftig	Kraft – kräftig
nutzen	nützlich	nutzen – nützlich
Mut	traurig	Mut – mutig
Trauer	mutig	Trauer – traurig
Geiz	friedlich	Geiz – geizig
Frieden	geizig	Frieden – friedlich

Adjektive 23

Adjektive: Vergleichsstufen

Schreibe die Adjektive in der Vergleichsstufe (Komparativ) und der Höchststufe (Superlativ).

~~bunter~~	~~am buntesten~~	~~heißer~~	~~feuchter~~
~~kälter~~	~~klüger~~	~~wichtiger~~	~~länger~~
~~jünger~~	~~am längsten~~	~~am feuchtesten~~	~~am klügsten~~
~~reicher~~	~~am wichtigsten~~	~~reifer~~	~~am reichsten~~
~~am kältesten~~	~~am heißesten~~	~~am reifsten~~	~~am jüngsten~~

bunt
bunter
am buntesten

heiß
heißer
am heißesten

jung
jünger
am jüngsten

feucht
feuchter
am feuchtesten

kalt
kälter
am kältesten

reif
reifer
am reifsten

klug
klüger
am klügsten

lang
länger
am längsten

wichtig
wichtiger
am wichtigsten

reich
reicher
am reichsten

Adjektive: Vergleichsstufen

1 Schreibe die Adjektive in die richtige Lücke.

~~frech~~	~~frecher~~	~~am frechsten~~
~~dreckig~~	~~dreckiger~~	~~am dreckigsten~~
~~heiß~~	~~heißer~~	~~am heißesten~~

Der Waschbär ist frech.
Gestern war er frecher.
Der Affe ist immer am frechsten.

Die Katze ist dreckig.
Der Hund ist dreckiger.
Das Schwein ist am dreckigsten.

Im Sommer ist es heiß.
Nah am Feuer ist es heißer.
Die Sonne ist aber am heißesten.

2 Schreibe die Adjektive in die richtige Lücke.

~~dünner~~	~~durstiger~~	~~dümmer~~	~~blond~~

Der Laternenpfahl ist dünner als der Baumstamm. Der ist nur dünn.
Der Löwe ist durstig. Aber das Kamel ist durstiger als er.
Die Ente aus dem Comic ist dumm. Aber dümmer als die Ente sind die Comic-Kojoten.
Papas Haare sind blond. Aber am blondesten sind die Haare von seiner Schwester.

Wörter mit Doppelkonsonanten: Silbierung

1 Verbinde die passenden Silben und schreibe die Nomen in Silben auf.

Dot / Quel – le / ter	Dot-ter	Quel-le
Flos / Mit – se / tag	Flos-se	Mit-tag
Ted / Map – dy / pe	Ted-dy	Map-pe
Nüs / Don – ner / se	Nüs-se	Don-ner
Pud / Hes – sen / ding	Pud-ding	Hes-sen
Päs / Schat – se / ten	Päs-se	Schat-ten
Schlös / But – ter / ser	Schlös-ser	But-ter
Bril / Löf – fel / le	Bril-le	Löf-fel

2 Zerlege die Nomen in Silben.

Fußbälle	Fuß	bäl	le
Herstellung	Her	stel	lung
Kompasse	Kom	pas	se
Pullover	Pul	lo	ver

Wörter mit Doppelkonsonanten: Silbierung

1 Verbinde die passenden Silben und schreibe die Nomen in Silben auf.

Bäl / Zim – le / mer	Bäl-le	Zim-mer
Trep / Es – sen / pe	Trep-pe	Es-sen
Schif / Tel – ler / fe	Schif-fe	Tel-ler
Pap / Eb – be / pe	Pap-pe	Eb-be
Flüs / Hum – se / mel	Flüs-se	Hum-mel
Stäm / Grup – pe / me	Stäm-me	Grup-pe
Schlüs / Fut – sel / ter	Schlüs-sel	Fut-ter
Glät / Tan – ne / te	Glät-te	Tan-ne
Tas / Ham – se / mer	Tas-se	Ham-mer

2 Zerlege die Nomen in Silben.

Schmetterling	Schmet	ter	ling
Kartoffel	Kar	tof	fel
Vorpommern	Vor	pom	mern
Giraffe	Gi	raf	fe

Wörter mit Doppelkonsonanten: Silbierung

1 Verbinde die passenden Silben und schreibe die Verben in Silben auf.

schwim / don	men / nern	schwim-men	don-nern
ret / küs	sen / ten	ret-ten	küs-sen
bren / stel	nen / len	bren-nen	stel-len
schaf / mes	sen / fen	schaf-fen	mes-sen
brül / stim	len / men	brül-len	stim-men
füt / tip	tern / pen	füt-tern	tip-pen
brum / fres	men / sen	brum-men	fres-sen
käm / tref	fen / men	käm-men	tref-fen
bit / es	ten / sen	bit-ten	es-sen

2 Zerlege die Verben in Silben.

gefressen	ge	fres	sen
verbrennen	ver	bren	nen
begonnen	be	gon	nen
herstellen	her	stel	len

Wörter mit Doppelkonsonanten: Silbierung

1 Verbinde die passenden Silben und schreibe die Wörter in Silben auf.

flüs / al	sig / lein	flüs-sig	al-lein
Mes / ir	ren / ser	Mes-ser	ir-ren
dop / bil	pelt / lig	dop-pelt	bil-lig
Män / im	mer / ner	Män-ner	im-mer
of / al	fen / les	of-fen	al-les
schüt / bes	teln / ser	schüt-teln	bes-ser
Mit / klet	te / tern	Mit-te	klet-tern
hof / al	le / fen	hof-fen	al-le
Ses / Num	sel / mer	Ses-sel	Num-mer

2 Zerlege die Wörter in Silben.

treffen	tref	fen		
hoffentlich	hof	fent	lich	
Wasserfälle	Was	ser	fäl	le
Treppenstufen	Trep	pen	stu	fen

Wörter mit Doppelkonsonanten: Wortstamm

Ordne und schreibe die Wörter.

~~wir beißen~~	~~wir gewinnen~~	~~wir sammeln~~	~~wir lassen~~
~~wir passen~~	~~er hat gewonnen~~	~~er gewann~~	~~er hat gebissen~~
~~ich beiße~~	~~er hat gesammelt~~	~~du sammelst~~	~~der Gewinn~~
~~bisschen~~	~~er hat gelassen~~	~~er lässt~~	~~die Sammlung~~
~~er biss~~	~~der Biss~~	~~du passt~~	~~loslassen~~

Wortstamm beiß und Biss / biss

wir beißen — er hat gebissen
ich beiße — bisschen
er biss — der Biss

Wortstamm Gewinn / gewinn und gewann und gewonn

wir gewinnen — er hat gewonnen
er gewann — der Gewinn

Wortstamm Samm / samm

wir sammeln — er hat gesammelt
du sammelst — die Sammlung

Wortstamm lass und läss

wir lassen — er hat gelassen
er lässt — loslassen

Wortstamm pass

wir passen — du passt

Wörter mit Doppelkonsonanten: Wortstamm

Ordne und schreibe die Wörter.

~~beginnen~~	~~kennen~~	~~schwimmen~~	~~messen~~
~~treffen~~	~~er hat getroffen~~	~~er schwamm~~	~~er misst~~
~~du schwimmst~~	~~er hat gekannt~~	~~es hat begonnen~~	~~er ist geschwommen~~
~~Miss!~~	~~er begann~~	~~er trifft~~	~~die Messung~~
~~du triffst~~	~~er kannte~~	~~kennenlernen~~	~~der Beginn~~

Wortstamm Beginn / beginn und begann und begonn

beginnen — es hat begonnen
er begann — der Beginn

Wortstamm kenn und kann

kennen — er hat gekannt
er kannte — kennenlernen

Wortstamm schwimm und schwamm und schwomm

schwimmen — er schwamm
du schwimmst — er ist geschwommen

Wortstamm Mess / mess und Miss / miss

messen — er misst
Miss! — die Messung

Wortstamm treff und triff und troff

treffen — er hat getroffen
er trifft — du triffst

Wörter mit Doppelkonsonanten

1 Ordne richtig zu und schreibe die Wörter mit **Doppelkonsonanten**.

2 Unterstreiche alle **Doppelkonsonanten**.

glatt	hell	es brannte	Fluss
schlimm	bestimmt	er frisst	Kuss
Gott	Schiff	du brüllst	Stamm
Ball	es goss	nass	fett
krumm	nett		

Glätte	→	glatt	fettig	→	fett
brüllen	→	du brüllst	heller	→	hell
netter	→	nett	Schiffe	→	Schiff
Götter	→	Gott	Stämme	→	Stamm
brennen	→	es brannte	stimmen	→	bestimmt
Nässe	→	nass	Flüsse	→	Fluss
küssen	→	Kuss	fressen	→	er frisst
Bälle	→	Ball	schlimmer	→	schlimm
krummer	→	krumm	sie gossen	→	es goss

3 Stimmt das? Dann setze einen Haken ✔ in das Kästchen.

- ☑ Es gibt auch einsilbige Wörter mit Doppelkonsonanten. Beispiel: glatt
- ☑ Sucht man sich ein verwandtes Wort mit zwei Silben, kann man beim Sprechen den Doppelkonsonanten hören. Beispiel: Glät-te → glatt

Wörter mit Doppelkonsonanten

1 Schreibe die Wörter mit **Doppelkonsonanten**.

Bett	Gewitter	satt	Stoff
Programm	toll	passieren	stumm
vollständig	denn	musste	kaputt

Bett	Gewitter
satt	Stoff
Programm	toll
passieren	stumm
vollständig	denn
musste	kaputt

2 Schreibe die Wörter aus Aufgabe 1 in die richtige Lücke.

Papa und ich machen einen Fernsehabend. Wir liegen im Bett und draußen tobt ein Gewitter. Aber egal. Nach dem guten Essen sind alle satt. Der Stoff der Bettdecke ist warm und kuschelig und das Programm im Fernsehen ist toll. Doch dann passieren mehrere Sachen gleichzeitig: Alle Lampen gehen aus und auch der Fernseher wird schwarz und stumm. Es ist vollständig dunkel bei uns. Papa grummelt, ob das denn unbedingt jetzt passieren musste, und steht auf. Im Flur drückt er die Sicherung wieder rein. Das Licht geht wieder an und auch der Fernseher läuft. Zum Glück ging nichts kaputt.

Wörter mit ck und tz

1 Ordne und schreibe die Wörter mit **ck** und **tz**.

die Brücke	die Verletzung	einpacken	der Schutz
jetzt	die Jacke	trocken	das Gesetz
der Rock	witzig	die Entwicklung	plötzlich
der Bäcker	die Katze	die Tatze	der Wecker

ck

die Brücke	einpacken
die Jacke	trocken
der Rock	die Entwicklung
der Bäcker	der Wecker

tz

die Verletzung	der Schutz
jetzt	das Gesetz
witzig	plötzlich
die Katze	die Tatze

2 Schreibe die Wörter mit **ck** und **tz** in die richtige Lücke.

zurück / Mecklenburg	Hitze / setzen	Stück / schmecken

Nicks Onkel zieht zurück nach Mecklenburg.
Die Hitze ist zu viel für Oma Beck. Sie muss sich setzen.
Patrick lässt sich das leckere Stück Torte schmecken.

Wörter mit ck und tz

Finde die Reimpaare und schreibe sie.

besetzt	Decke	Drucker	pflücken
Zucker	Witz	Blick	Plätze
Mütze	dick	schwitzen	Hecke
Rücken	Spatz	zuletzt	Witze
spritzen	Dreck	Platz	Sitz
Sätze	Hitze	Pfütze	Fleck

besetzt	Decke
zuletzt	Hecke
Zucker	Witz
Drucker	Sitz
Mütze	dick
Pfütze	Blick
Rücken	Spatz
pflücken	Platz
spritzen	Dreck
schwitzen	Fleck
Sätze	Hitze
Plätze	Witze

Wörter mit ck und tz

1 **ck** oder **tz**? Trage die Wörter richtig ein und löse das Rätsel.

~~Gepä?~~	~~Scha?~~	~~Pfü?e~~	~~Spi?e~~
~~Glü?~~	~~We?er~~		

				1 G	e	p	ä	c	k
			2 G	l	ü	c	k		
	3 S	c	h	a	t	z			
	4 S	p	i	t	z	e			
5 P	f	ü	t	z	e				
6 W	e	c	k	e	r				

2 Trage das Lösungswort ein.

Wegen seiner Glatze trägt Herr Fritze eine Mütze.

3 Verwandle die Wörter.

wetzen	tz → ck	wecken
Schmuck	ck → tz	Schmutz
blitzen	tz → ck	blicken
Sack	ck → tz	Satz
Mücke	ck → tz	Mütze
Blick	ck → tz	Blitz

Wörter mit ck und tz: Wortstamm

Ordne und schreibe die Wörter mit **ck** und **tz**.

~~ich spritzte~~	~~drücken~~	~~der Nutzen~~	~~du backst~~
~~spritzig~~	~~du drückst~~	~~spritzen~~	~~der Bäcker~~
~~nützen~~	~~die Spritze~~	~~der Druck~~	~~backen~~
~~du spritzt~~	~~aufdrücken~~	~~nutzen~~	~~drückend~~
~~das Backpapier~~	~~nützlich~~	~~der Spritzer~~	~~erdrücken~~

Wortstamm Spritz/spritz

ich spritzte — spritzig
spritzen — die Spritze
du spritzt — der Spritzer

Wortstamm Druck und drück

drücken — du drückst
der Druck — aufdrücken
drückend — erdrücken

Wortstamm Nutz/nutz und nütz

der Nutzen — nützen
nutzen — nützlich

Wortstamm Back/back und Bäck

du backst — der Bäcker
backen — das Backpapier

Wörter mit Pf/pf

1 Finde die sechs Verben mit **pf** (Grundform) und kreise sie ein.
Die Wörter sind waagrecht und senkrecht angeordnet.

g	t	a	p	f	l	ü	c	k	e	n	n	ü	m	p	r
h	q	s	r	z	p	f	t	e	f	a	t	D	n	f	o
ü	r	g	n	a	i	m	p	f	e	n	h	n	v	e	m
p	m	l	g	i	ä	h	t	l	n	q	r	l	s	i	g
f	w	b	r	l	e	f	i	a	r	s	e	k	h	f	u
e	i	s	k	ä	m	p	f	e	n	n	l	o	i	e	t
n	k	p	f	l	a	n	z	e	n	i	p	s	f	n	e

2 Schreibe die Verben aus Aufgabe 1 zu den passenden Bildern.

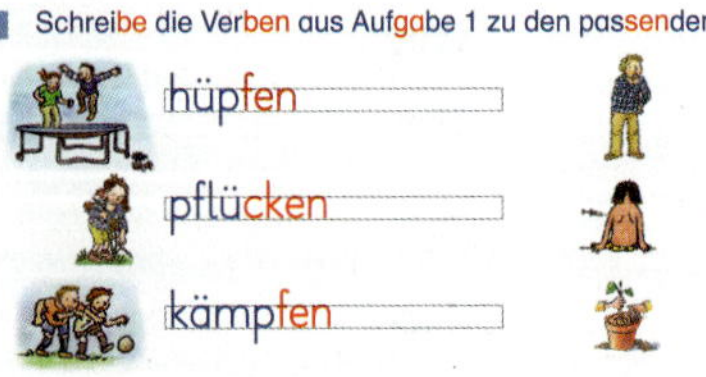

hüpfen — pfeifen
pflücken — impfen
kämpfen — pflanzen

3 Schreibe die Wörter mit **Pf/pf** in die richtige Lücke.

~~Pflicht~~	~~schimpfen~~	~~Pflaster~~	~~Kampf~~

Wir haben die Pflicht, anderen Menschen zu helfen.

Tim muss mit dem Hund schimpfen, weil dieser ins Bett springt.

Nina hat sich geschnitten. Deshalb braucht sie ein Pflaster.

Welcher der beiden Boxer wird den Kampf gewinnen?

Wörter mit Pf/pf: Sätze

1 Kreise in den Sätzen alle **Pf/pf** ein.

Pia hat zwanzig Bohnenpflanzen gepflanzt.
Nun pflegt sie die Bohnenpflanzen täglich.
Die Pflanzen sind sehr empfindlich.
Vorsichtig gießt Pia die Töpfe mit ihren Pflanzen.
Sie muss aufpassen, dass sie nichts vertropft.
Sonst bildet sich eine Pfütze auf dem Boden
und dann schimpft Mama mit ihr.
In einem Pflanzentopf ragt sogar schon
der kleine, grüne Zipfel einer Pflanze aus der Erde.
Pia freut sich schon darauf, die Bohnen zu pflücken.

2 Schreibe die Sätze aus Aufgabe 1 ab.

Pia hat zwanzig Bohnenpflanzen gepflanzt.
Nun pflegt sie die Bohnenpflanzen täglich.
Die Pflanzen sind sehr empfindlich.
Vorsichtig gießt Pia die Töpfe mit ihren Pflanzen.
Sie muss aufpassen, dass sie nichts vertropft.
Sonst bildet sich eine Pfütze auf dem Boden
und dann schimpft Mama mit ihr.
In einem Pflanzentopf ragt sogar schon
der kleine, grüne Zipfel einer Pflanze aus der Erde.
Pia freut sich schon darauf, die Bohnen zu pflücken.

Wörter mit ch

1 Stimmt das? Dann setze einen Haken ✔ in das Kästchen.

- ☑ Wörter mit **ch** werden unterschiedlich ausgesprochen.
- ☑ Manchmal ist das **ch** weich wie in „Fichte“.
- ☑ Manchmal ist das **ch** rau wie in „Strauch“.

2 Ordne und schreibe die Wörter mit **ch**.

~~die Fichte~~	~~der Strauch~~	~~das Zeichen~~	~~der Nachbar~~
~~gekrochen~~	~~richtig~~	~~gemocht~~	~~nichts~~
~~ähnlich~~	~~einfach~~	~~frech~~	~~manchmal~~
~~beobachten~~	~~kriechen~~	~~zeichnen~~	~~rechts~~
~~sicher~~	~~deutlich~~	~~das Dach~~	~~das Buch~~

weiches ch wie in „Fichte“

die Fichte	das Zeichen
richtig	nichts
ähnlich	frech
manchmal	kriechen
zeichnen	rechts
sicher	deutlich

raues ch wie in „Strauch“

der Strauch	der Nachbar
gekrochen	gemocht
einfach	beobachten
das Dach	das Buch

Wörter mit ch

Ordne und schreibe die Wörter mit **ch**.

~~dicht~~	~~er kroch~~	~~schlecht~~	~~pünktlich~~
~~er sprach~~	~~plötzlich~~	~~nach~~	~~leuchten~~
~~hoffentlich~~	~~nämlich~~	~~durch~~	~~er hat gerochen~~
~~möchten~~	~~noch~~	~~die Gesichter~~	~~er hat gestrichen~~
~~der Nachmittag~~	~~die Köche~~	~~der Koch~~	~~auch~~
~~natürlich~~	~~sich~~	~~die Zeichnung~~	~~du sprichst~~

weiches ch wie in „Fichte“

dicht	schlecht
pünktlich	plötzlich
leuchten	hoffentlich
nämlich	durch
möchten	die Gesichter
er hat gestrichen	die Köche
natürlich	sich
die Zeichnung	du sprichst

raues ch wie in „Strauch“

er kroch	er sprach
nach	er hat gerochen
noch	der Nachmittag
der Koch	auch

Wörter mit ch

Schreibe die Wörter mit **ch** in die richtige Lücke.

~~besuchen~~	~~Nachbarn~~	~~Unterricht~~	~~Kirche~~
~~Woche~~	~~schrecklich~~	~~Gesicht~~	~~doch~~
~~vorsichtig~~	~~wirklich~~	~~Kuchen~~	~~reich~~
~~Früchten~~	~~riecht~~	~~Milch~~	~~lachen~~
~~fröhlich~~	~~brauchen~~	~~manchmal~~	~~bisschen~~

Die beiden Geschwister Niki und Elli besuchen ihren Nachbarn Onkel Albert. Sie sehen ihn jeden Tag nach dem Unterricht auf der Bank neben der Kirche sitzen. Aber seit einer Woche macht er ein schrecklich trauriges Gesicht. Das machte Niki und Elli auch traurig, doch sie haben eine Idee. Als Onkel Albert vorsichtig die Tür öffnet, freut er sich wirklich, die Geschwister zu sehen. Sie haben für ihn Kuchen gebacken und diesen reich mit Früchten belegt. Der Kuchen riecht sehr gut. Dann sitzen alle am Tisch, trinken Milch und essen den Kuchen. Jetzt lachen alle und sind fröhlich. Wir alle brauchen einfach manchmal nur ein bisschen Gesellschaft.

Wörter mit St/st und Sp/sp

1 Stimmt das? Dann setze einen Haken ✔ in das Kästchen.

- ☑ Wörter mit **st** werden zwar „scht“ gesprochen, aber nur mit **st** geschrieben.
- ☑ Wörter mit **sp** werden zwar „schp“ gesprochen, aber nur mit **sp** geschrieben.

2 Ordne und schreibe die Wörter mit **St / st** und **Sp / sp**.

~~die Stange~~	~~die Spange~~	~~die Spritze~~	~~die Strände~~
~~stolz~~	~~spitz~~	~~der Streifen~~	~~das Stück~~
~~die Städte~~	~~der Stamm~~	~~die Strafe~~	~~der Sport~~
~~der Spaß~~	~~die Sprache~~	~~springen~~	~~spazieren~~
~~sprechen~~	~~der Stoff~~	~~stimmen~~	~~das Spiel~~

Wörter mit **St / st**

die Stange	die Strände
stolz	der Streifen
das Stück	die Städte
der Stamm	die Strafe
der Stoff	stimmen

Wörter mit **Sp / sp**

die Spange	die Spritze
spitz	der Sport
der Spaß	die Sprache
springen	spazieren
sprechen	das Spiel

Wörter mit St/st und Sp/sp: Sätze

1 Kreise in den Sätzen alle **St/st** und **Sp/sp** ein.

Wir fahren an den Strand!
Wir starten am Morgen.
Mama setzt sich ans Steuer des Autos.
Wir sind fast ganz allein auf der Straße.
Ich freue mich auf Eis am Stiel und
auf den Sprung in die kühlen Wellen.
Doch im Spiegel sehe ich dunkle Wolken.
Nähert sich ein Sturm? Ich spreche Mama an.
Sie runzelt die Stirn.
Sind wir zu spät für den Spaß?

2 Schreibe die Sätze aus Aufgabe 1 ab.

Wir fahren an den Strand!
Wir starten am Morgen.
Mama setzt sich ans Steuer des Autos.
Wir sind fast ganz allein auf der Straße.
Ich freue mich auf Eis am Stiel und
auf den Sprung in die kühlen Wellen.
Doch im Spiegel sehe ich dunkle Wolken.
Nähert sich ein Sturm? Ich spreche Mama an.
Sie runzelt die Stirn.
Sind wir zu spät für den Spaß?

Wörter mit nk

1 Schreibe die Wörter mit **nk** in die richtige Lücke.

danke	Geschenk	Getränk	links
Schrank	schenken	krank	trank
trinkst	trinken		

Lieber Rico,
danke für dein wunderbares Geschenk!
Das Tablett für mein Getränk passt wunderbar links
neben den Schrank. Du hättest mir wirklich nichts
schenken müssen, da du doch an dem Tag der Party
krank warst. Ich trank auf dein Wohl und
hoffentlich trinkst du bald wieder mit mir Tee
oder wir trinken gemeinsam von der Früchtebowle!
Ganz liebe Grüße!
Deine Tante Tamira

2 Ordne die Reimwörter aus Aufgabe 1 zu und schreibe.

der Dank
ich trank — der Schrank — krank

das Gelenk
das Getränk — das Geschenk

denken
schenken

Wörter mit ng

1 Schreibe die Nomen mit **ng**.

die Zange	die Klingel	die Stange	die Dinge
der Engel	der Finger		

die Zange — die Klingel
die Stange — die Dinge
der Engel — der Finger

2 Schreibe die Wörter mit **ng** in die richtige Lücke.

Spaziergang	singen	Schmetterlinge	Menge
jung	drängeln	ängstlich	hungrig
Rettung	Angst	Hunger	Zunge

Tante Tamira kommt von einem Spaziergang zurück.
Es ist ein schöner Tag. Vögel singen und
Schmetterlinge tanzen über den Blumen.
Auf einmal sieht sie in ihrem Vorgarten jede Menge
Bewegung unter einem Busch: Es sind Kätzchen!
Sie sehen sehr jung aus. Die Kätzchen drängeln sich
aneinander und maunzen ängstlich und hungrig.
Tante Tamira schreitet zur Rettung: „Keine Angst!
Ich suche eure Mama! Dann müsst ihr auch keinen Hunger
mehr haben.“ Sie schnalzt mit der Zunge und überlegt:
Wo fange ich am besten an zu suchen?

Wörter mit ng: Wortstamm

Ordne und schreibe die Wörter mit **ng**.

fangen	hängen	springen	angeln
lang	du fängst	der Angler	du springst
der Hang	die Angel	lange	langsam
ich sprang	er hing	er fängt	er hat gehangen
du angelst	die Langeweile	ich fing	der Sprung

Wortstamm fang und fäng und fing
fangen — du fängst
er fängt — ich fing

Wortstamm häng und hing und Hang/hang
hängen — der Hang
er hing — er hat gehangen

Wortstamm spring und sprang und Sprung
springen — du springst
ich sprang — der Sprung

Wortstamm Ang/ang
angeln — der Angler
die Angel — du angelst

Wortstamm Lang/lang
lang — lange
langsam — die Langeweile

Auslautverhärtung: Nomen, d/t, g/k, b/p, verlängern

1 Stimmt das? Dann setze einen Haken ✔ in das Kästchen.

☑ **d** oder **t** am Ende des Worts? Man kann es hören, wenn man verlängert.
Ban? → Bänder → Band

☑ **g** oder **k** am Ende des Worts? Man kann es hören, wenn man verlängert.
Bur? → Burgen → Burg

☑ **b** oder **p** am Ende des Worts? Man kann es hören, wenn man verlängert.
Die? → Diebe → Dieb

2 Ordne und schreibe die Nomen in der Einzahl.

~~Advent~~	~~Burg~~	~~Dieb~~	~~Band~~	~~Bank~~
~~Mittag~~	~~Urlaub~~	~~Pferd~~	~~Kalb~~	~~Licht~~
~~Zug~~	~~Wand~~	~~Erfolg~~	~~Bub~~	~~Grab~~
~~Schrank~~	~~Stab~~	~~Land~~		

d oder t?

viele Advente – der Advent; viele Bänder – das Band; viele Pferde – das Pferd
viele Lichter – das Licht; viele Wände – die Wand; viele Länder – das Land

g oder k?

viele Burgen – die Burg; viele Bänke – die Bank; viele Mittage – der Mittag
viele Züge – der Zug; viele Erfolge – der Erfolg; viele Schränke – der Schrank

b oder p?

viele Diebe – der Dieb; viele Urlaube – der Urlaub; viele Kälber – das Kalb
viele Buben – der Bub; viele Gräber – das Grab; viele Stäbe – der Stab

Auslautverhärtung: Nomen, d/t, g/k, b/p, verlängern

Schreibe die Nomen in der Einzahl.

d oder t?

viele Brände – der Brand; viele Zelte – das Zelt; viele Felder – das Feld
viele Freunde – der Freund; viele Abende – der Abend; viele Feste – das Fest
viele Hände – die Hand; viele Gelder – das Geld; viele Kleider – das Kleid
viele Geister – der Geist; viele Lieder – das Lied; viele Monde – der Mond
viele Wälder – der Wald; viele Hefte – das Heft; viele Räder – das Rad
viele Bilder – das Bild; viele Strände – der Strand; viele Hemden – das Hemd

g oder k?

viele Gänge – der Gang; viele Berge – der Berg; viele Käfige – der Käfig
viele Werke – das Werk; viele Kriege – der Krieg; viele Tage – der Tag
viele Könige – der König; viele Zwerge – der Zwerg; viele Geschenke – das Geschenk
viele Siege – der Sieg; viele Teige – der Teig; viele Sonntage – der Sonntag

b oder p?

viele Typen – der Typ; viele Siebe – das Sieb; viele Körbe – der Korb

Auslautverhärtung: Verben, g/k, b/p, verlängern

Ordne und schreibe die Verben in der er-Form.

~~mag~~	~~gibt~~	~~bleibt~~	~~liegt~~
~~hupt~~	~~schweigt~~	~~wiegt~~	~~erlaubt~~
~~schreibt~~	~~trinkt~~	~~glaubt~~	~~legt~~
~~piept~~	~~sagt~~	~~fragt~~	~~lebt~~
~~parkt~~	~~raubt~~	~~zeigt~~	~~hebt~~
~~klebt~~	~~wirkt~~	~~pumpt~~	~~steigt~~

g oder k?

mögen – er mag; liegen – er liegt; schweigen – er schweigt
wiegen – er wiegt; trinken – er trinkt; legen – er legt
sagen – er sagt; fragen – er fragt; parken – er parkt
zeigen – er zeigt; wirken – er wirkt; steigen – er steigt

b oder p?

geben – er gibt; bleiben – er bleibt; hupen – er hupt
erlauben – er erlaubt; schreiben – er schreibt; glauben – er glaubt
piepen – er piept; leben – er lebt; rauben – er raubt
heben – er hebt; kleben – er klebt; pumpen – er pumpt

Auslautverhärtung: Verben, Wortfamilien

Ordne und schreibe die Wörter.

~~du wirst~~	~~du steigst~~	~~du schiebst~~	~~du biegst~~
~~ich steige~~	~~ich werde~~	~~er schiebt~~	~~er biegt~~
~~er steigt~~	~~er bog~~	~~er schob~~	~~er wird~~
~~er stieg~~	~~er wurde~~	~~wir steigen~~	~~wir biegen~~
~~wir werden~~	~~wir schieben~~	~~er ist gestiegen~~	~~er ist geworden~~

Wortfamilie werden

du wirst – ich werde
er wird – er wurde
wir werden – er ist geworden

Wortfamilie steigen

du steigst – ich steige
er steigt – er stieg
wir steigen – er ist gestiegen

Wortfamilie schieben

du schiebst – er schiebt
er schob – wir schieben

Wortfamilie biegen

du biegst – er biegt
er bog – wir biegen

Auslautverhärtung: d/t, g/k, b/p, verlängern

1 Verbinde die Wörter, die zusammengehören.

2 Schreibe die Wortpaare.

danken – Lob / loben – Dank	danken – Dank
	loben – Lob
zelten – Wut / wütend – Zelt	zelten – Zelt
	wütend – Wut
ergeben – Ergebnis	ergeben – Ergebnis
Zeuge – Zeugnis	Zeuge – Zeugnis

3 Schreibe die Wörter in die richtige Lücke.

~~Freundin/Rand~~	~~Nachmittag/Spaziergang~~	~~Laub/Obst~~
~~Strand/Sand~~	~~Ort/Deutschland~~	~~Fahrrad/Wind~~

Bernds Freundin ruft: „Spring nicht vom Rand in das Becken!"

Opa macht am Nachmittag einen Spaziergang.

In unserem Garten sitzt ein Igel im Laub und frisst Obst.

Am Strand baut Tarek eine große Burg aus Sand.

Eulenberg ist ein kleiner Ort in Deutschland.

Marta fährt mit ihrem Fahrrad so schnell wie der Wind.

Auslautverhärtung: Adjektive, d/t, g/k, b/p, verlängern

Welcher Buchstabe passt? Ergänze. Die verlängerte Form hilft dir.

d oder t?

ein fremder Mann – fremd	eine alte Jacke – alt	eine blonde Dame – blond
ein runder Ball – rund	eine blinde Kuh – blind	eine gesunde Ernährung – gesund
eine bunte Bluse – bunt	eine wilde Fahrt – wild	eine wütende Hexe – wütend
ein blöder Fehler – blöd	ein milder Winter – mild	eine gute Fee – gut

g oder k?

eine kluge Frage – klug	eine flüssige Seife – flüssig	eine richtige Antwort – richtig
ein krankes Kind – krank	eine fleißige Biene – fleißig	eine schwierige Aufgabe – schwierig
eine riesige Spinne – riesig	ein starkes Mädchen – stark	eine witzige Geschichte – witzig
eine schlanke Frau – schlank	eine dreckige Hose – dreckig	ein mutiger Junge – mutig
ein eckiger Teller – eckig	ein winziges Kätzchen – winzig	eine flinke Maus – flink

b oder p?

eine halbe Wurst – halb	eine gelbe Blume – gelb	ein trübes Wetter – trüb
ein lieber Hund – lieb	ein tauber Mann – taub	ein grober Sand – grob

Auslautverhärtung: Wortstamm

Ordne und schreibe die Wörter.

~~schlagen~~	~~sie liebt~~	~~du probst~~	~~üben~~
~~du übst~~	~~du schlägst~~	~~die Verliebten~~	~~proben~~
~~der Schläger~~	~~du liebst~~	~~die Probe~~	~~der Schlag~~
~~die Liebe~~	~~die Übung~~	~~er schlägt~~	~~lieb~~
~~sie übt~~	~~der Vorschlag~~	~~lieben~~	~~er probt~~

Wortstamm Schlag/schlag und Schläg/schläg

schlagen	du schlägst
der Schläger	der Schlag
er schlägt	der Vorschlag

Wortstamm Lieb/lieb

sie liebt	die Verliebten
du liebst	die Liebe
lieb	lieben

Wortstamm Prob/prob

du probst	proben
die Probe	er probt

Wortstamm Üb/üb

üben	du übst
die Übung	sie übt

Auslautverhärtung: d/t, g/k, b/p, verlängern

1 Verbinde die Wörter, die zusammengehören.

2 Schreibe die Wortpaare.

tausende – tausend	tausende – tausend
selber – selbst	selber – selbst
genügend – genug	genügend – genug
Ende – endlich	Ende – endlich
Tage – abends / Abende – täglich	Tage – täglich
	Abende – abends
jemanden – jemand	jemanden – jemand
niemanden – niemand	niemanden – niemand

3 Schreibe die Wörter in die richtige Lücke.

~~weg~~	~~genügend~~	~~abends~~	~~niemand~~

Frau Brand kümmert sich um das Haus, wenn ihre Nachbarn weg sind.

Morgens gibt Frau Brand dem Kater Berti genügend Futter.

Auch abends schaut sie noch einmal nach dem Kater.

Danach schließt sie die Tür gut ab, damit niemand einbricht.

Auslautverhärtung: d/t, g/k, b/p, Komposita

1 Welcher Buchstabe passt? Ergänze. Die verlängerte Form hilft dir.

d oder t?

baden
das Schwimmbad

reiten
der Reitstiefel

binden
der Bindfaden

viele Strände
der Strandkorb

viele Hände
der Handschuh

viele Feste
das Festzelt

g oder k?

steigen
der Steigbügel

tanken
die Tankstelle

schlagen
die Schlagsahne

viele Burgen
das Burgtor

viele Flüge
das Flugzeug

viele Züge
die Zugfahrt

b oder p?

kleben
der Klebstoff

schreiben
der Schreibtisch

piepen
der Piepton

viele Diebe
der Diebstahl

viele Stäbe
der Stabhochsprung

viele Siebe
der Siebdruck

2 Schreibe die Nomen in die richtige Lücke.

~~Fahrrädern~~	~~Schwimmbad~~	~~Flugzeug~~	~~Klebstoff~~

Wir machen einen Ausflug mit unseren Fahrrädern.

David rutscht im Schwimmbad die Wasserrutsche hinunter.

Frau Kant fliegt diesen Sommer mit dem Flugzeug in den Urlaub.

Ingrid und Mark basteln mit Schere und Klebstoff bunte Zwerge.

Wörter mit silbentrennendem h, verlängern

1 Stimmt das? Dann setze einen Haken ✔ in das Kästchen.

☑ Wenn man das Wort verlängert, kann man das **h** hören.
Beispiel: das Geweih → viele Geweihe, er blüht → blühen

2 Schreibe die Nomen in der Einzahl.

~~Geweih~~	~~Schuh~~	~~Reh~~
~~Floh~~	~~Kuh~~	~~Zeh~~

viele Geweihe
das Geweih

viele Rehe
das Reh

viele Schuhe
der Schuh

viele Kühe
die Kuh

viele Zehen
der Zeh

viele Flöhe
der Floh

3 Schreibe die Verben in der er-Form.

~~blüht~~	~~glüht~~	~~näht~~
~~versteht~~	~~dreht~~	~~steht~~
~~geht~~	~~zieht~~	~~flieht~~

blühen
er blüht

gehen
er geht

drehen
er dreht

glühen
er glüht

fliehen
er flieht

stehen
er steht

nähen
er näht

verstehen
er versteht

ziehen
er zieht

4 Schreibe die Wörter mit **silbentrennendem h** in die richtige Lücke.

~~Mühe/höher~~	~~steht/Reihe~~

Rahel hat keine Mühe, den Berg noch höher hinaufzusteigen.

Johannes steht an der Kasse an, bis er an der Reihe ist.

Wörter mit silbentrennendem h, verlängern

1 Verbinde die Wörter, die zusammengehören.

2 Schreibe die Wortpaare.

drehen – du stehst	stehen – du drehst	drehen – du drehst stehen – du stehst
gehen – du gehst	verstehen – du verstehst	gehen – du gehst verstehen – du verstehst
sehen – es geschieht	geschehen – er sieht	sehen – er sieht geschehen – es geschieht
früh – früher	froh – frohe	früh – früher froh – frohe
Ruhe – nah	Nähe – ruhig	Ruhe – ruhig Nähe – nah
weihen – Weihnachten	nähen – Naht	weihen – Weihnachten nähen – Naht
krähen – er weht	wehen – er kräht	krähen – er kräht wehen – er weht

Wörter mit silbentrennendem h

1 Finde die sechs Verben mit **silbentrennendem h** (Grundform) und kreise sie ein. Die Wörter sind waagrecht und senkrecht angeordnet.

p	n	a	g	n	h	l	c	z	h	n	k	n	ü	r	w	g	s
r	q	g	e	h	e	n	f	t	e	f	b	b	z	n	f	o	p
ü	n	v	u	m	s	a	t	s	n	h	l	z	i	e	h	e	n
k	ä	r	q	g	l	ü	h	e	n	e	ü	a	l	p	i	g	v
l	h	s	t	e	h	e	n	i	a	p	h	h	k	t	f	m	f
n	e	l	s	t	l	i	n	s	t	h	e	i	r	s	e	n	t
n	n	n	h	f	t	a	s	q	e	z	n	n	s	f	n	e	r

2 Schreibe die Verben aus Aufgabe 1 zu den passenden Bildern.

 gehen

 ziehen

 blühen

 stehen

 nähen

 glühen

3 Zerlege die Wörter in Silben.

aufstehen	auf	ste	hen
weggehen	weg	ge	hen
geschehen	ge	sche	hen
Fernseher	Fern	se	her
verstehen	ver	ste	hen

Wörter mit silbentrennendem h: Wortstamm

Ordne und schreibe die Wörter mit **silbentrennendem h**.

~~ich lieh~~	~~höher~~	~~früh~~	~~sehen~~
~~anziehen~~	~~die Höhe~~	~~fernsehen~~	~~leihen~~
~~früher~~	~~ziehen~~	~~hohe~~	~~das Frühstück~~
~~ausleihen~~	~~ansehen~~	~~die Erziehung~~	~~umziehen~~
~~der Sehtest~~	~~die Höhenangst~~	~~der Frühling~~	~~du leihst~~

Wortstamm leih / lieh

ich lieh — leihen

ausleihen — du leihst

Wortstamm Höh / höh und hoh

höher — die Höhe

hohe — die Höhenangst

Wortstamm Früh / früh

früh — früher

das Frühstück — der Frühling

Wortstamm Seh / seh

sehen — fernsehen

ansehen — der Sehtest

Wortstamm zieh

anziehen — ziehen

die Erziehung — umziehen

Wörter mit ß

1 Verwandle die Wörter.

reißen	r → b	beißen
Füße	F → Gr	Grüße
dreißig	dr → fl	fleißig
Spaß	Sp → M	Maß
gießen	g → fl	fließen
heiß	h → Fl	Fleiß

2 Schreibe die Wörter mit **ß** in die richtige Lücke.

~~maß / Größe~~	~~Strauß / weißen~~	~~heiß / süß~~
~~fraß / dreißig~~	~~groß / größer~~	~~draußen / Fußball~~

Jonas maß seine Größe mit einem Maßband.

Oma bekommt von uns einen Strauß mit weißen Rosen.

Das Kind isst Grießbrei. Der Brei ist heiß und süß.

Der gefräßige Affe fraß gestern dreißig Bananen.

Der Riese ist ziemlich groß. Er ist größer als ein Haus.

Lara ist draußen im Garten und spielt Fußball.

Wörter mit ß: Wortstamm

Ordne und schreibe die Wörter mit **ß**.

~~du gießt~~	~~heißen~~	~~schließlich~~	~~du grüßt~~
~~der Spaß~~	~~gießen~~	~~du schließt~~	~~du heißt~~
~~begrüßen~~	~~er hieß~~	~~der Gruß~~	~~die Gießkanne~~
~~spaßen~~	~~spaßig~~	~~schließen~~	~~grüßen~~
~~ausgießen~~	~~der Spaßvogel~~	~~das Schließfach~~	~~ich heiße~~

Wortstamm Gieß / gieß

du gießt — gießen

die Gießkanne — ausgießen

Wortstamm heiß / hieß

heißen — du heißt

er hieß — ich heiße

Wortstamm Schließ / schließ

schließlich — du schließt

schließen — das Schließfach

Wortstamm Gruß und grüß

du grüßt — begrüßen

der Gruß — grüßen

Wortstamm Spaß / spaß

der Spaß — spaßen

spaßig — der Spaßvogel

Ableiten: Umlaute o → ö, u → ü

1 Verbinde die Wörter, die zusammengehören.

2 Schreibe die Wortpaare.

Dorf / froh	fröhlich / Dörfer	Dorf – Dörfer froh – fröhlich
Trost / Block	du tröstest / Blöcke	Trost – du tröstest Block – Blöcke
Futter / Schutz	schützen / füttern	Futter – füttern Schutz – schützen
Korn / hohl	Körner / Höhle	Korn – Körner hohl – Höhle
Kuss / Sturm	stürmisch / küssen	Kuss – küssen Sturm – stürmisch
Chor / Natur	natürlich / Chöre	Chor – Chöre Natur – natürlich
Nuss / Sohn	Nüsse / Söhne	Nuss – Nüsse Sohn – Söhne

Ableiten: Umlaute o → ö, u → ü

1 Schreibe die Wörter.

~~Füchse~~	~~genügend~~	~~Friedhöfe~~	~~Schlösser~~
~~höhere~~	~~Hühner~~	~~Fuchs~~	~~Früchte~~
~~Brötchen~~	~~zukünftig~~		

Füchse — genügend
Friedhöfe — Schlösser
höhere — Hühner
Fuchs — Früchte
Brötchen — zukünftig

2 Schreibe die Wörter aus Aufgabe 1 in die richtige Lücke.

Wusstest du, dass es in Großstädten immer mehr Füchse gibt? Die klugen Tiere finden hier genügend ruhige Rückzugsorte wie etwa Friedhöfe oder die Parks rund um Schlösser oder Herrenhäuser. Selbst höhere Mauern können die Tiere überwinden. Wehe dem, der Hühner in seinem Stadthof hält! Aber auch ohne die Hühner findet ein Fuchs viel Nahrung bei uns: Früchte wie Äpfel, weggeworfene Brötchen oder Kleintiere wie Mäuse und Kaninchen, die ebenfalls in den Gärten oder Parks zu finden sind. Und zukünftig wird es wohl auch immer mehr Wildtiere in der Stadt geben, da die anderen Lebensräume immer mehr zerstört werden.

Ableiten: Umlaute A/a → Ä/ä, au → äu

1 Stimmt das? Dann setze einen Haken ✔ in das Kästchen.

- ☑ Aus **A/a** in der Einzahl wird oft **Ä/ä** in der Mehrzahl. Beispiel: **Arzt → Ärzte**
- ☑ Aus **Au/au** in der Einzahl wird oft **Äu/äu** in der Mehrzahl. Beispiel: **Kraut → Kräuter**

2 Schreibe die Mehrzahl.

aus A/a wird Ä/ä

der Arzt — viele Ärzte
der Pass — viele Pässe
der Draht — viele Drähte
der Stamm — viele Stämme
der Spaß — viele Späße
der Mann — viele Männer
der Fußball — viele Fußbälle
die Nacht — viele Nächte
der Saft — viele Säfte
der Platz — viele Plätze
der Brand — viele Brände
die Stadt — viele Städte

aus au wird äu

die Faust — viele Fäuste
das Kraut — viele Kräuter
der Raum — viele Räume
die Haut — viele Häute
das Haus — viele Häuser
der Baum — viele Bäume

Ableiten: Umlaute A/a → Ä/ä, au → äu

1 Finde die Wortpaare und schreibe sie.

~~jagen~~	~~der Arzt~~	~~das Rätsel~~	~~der Bäcker~~
~~wachsen~~	~~die Angst~~	~~die Ärztin~~	~~ängstlich~~
~~raten~~	~~der Glanz~~	~~die Nässe~~	~~das Gewächs~~
~~backen~~	~~nass~~	~~glänzen~~	~~der Jäger~~

jagen – der Jäger
der Arzt – die Ärztin
wachsen – das Gewächs
die Angst – ängstlich
raten – das Rätsel
der Glanz – glänzen
backen – der Bäcker
nass – die Nässe

2 Finde die Wortpaare und schreibe sie.

~~der Raum~~	~~verkaufen~~	~~der Räuber~~	~~räumen~~
~~der Haufen~~	~~rauben~~	~~die Verkäuferin~~	~~häufig~~

der Raum – räumen
verkaufen – die Verkäuferin
der Haufen – häufig
rauben – der Räuber

Ableiten: Umlaute A/a → Ä/ä, au → äu

1 Finde die Wortpaare und schreibe sie.

~~waschen~~	~~die Gefahr~~	~~die Hälse~~	~~die Stärke~~
~~der Drang~~	~~die Wahl~~	~~die Bälle~~	~~drängeln~~
~~die Zahl~~	~~der Hals~~	~~die Wäsche~~	~~gefährlich~~
~~der Ball~~	~~stark~~	~~wählen~~	~~zählen~~

waschen – die Wäsche
die Gefahr – gefährlich
der Drang – drängeln
die Wahl – wählen
die Zahl – zählen
der Hals – die Hälse
der Ball – die Bälle
stark – die Stärke

2 Finde die Wortpaare und schreibe sie.

~~der Raum~~	~~der Rauch~~	~~aufräumen~~	~~träumen~~
~~der Strauß~~	~~der Traum~~	~~räuchern~~	~~die Sträuße~~

der Raum – aufräumen
der Rauch – räuchern
der Strauß – die Sträuße
der Traum – träumen

Ordne und schreibe die Wörter.

baden	fahren	lang	nähen
laufen	die Bäder	länger	du läufst
die Länge	die Nähte	das Bad	die Fahrräder
die Naht	der Läufer	das Fahrrad	du fährst vor
er läuft	länglich	du nähst	das Schwimmbad

Wortstamm Bad/bad und Bäd

baden | die Bäder
das Bad | das Schwimmbad

Wortstamm Fahr/fahr und fähr

fahren | die Fahrräder
das Fahrrad | du fährst vor

Wortstamm lang und Läng/läng

lang | länger
die Länge | länglich

Wortstamm Nah und Näh/näh

nähen | die Nähte
die Naht | du nähst

Wortstamm lauf und Läuf/läuf

laufen | du läufst
der Läufer | er läuft

1 Zerlege die Wörter in Silben.

Kiefer	Kie - fer	Hitze	Hit - ze
Zwiebel	Zwie - bel	Miete	Mie - te
Blinde	Blin - de	Briefe	Brie - fe

2 Schau dir die Wörter von Aufgabe 1 noch einmal genau an.
Stimmt das? Dann setze einen Haken ✔ in das Kästchen.

- ☑ Kommt in der ersten Silbe nach dem Vokal noch mindestens ein weiterer Buchstabe, dann wird das Wort mit **i** geschrieben. Beispiel: Hitze
- ☑ Kommt in der ersten Silbe nach dem Vokal kein weiterer Buchstabe, dann wird das Wort mit **ie** geschrieben. Beispiel: Kiefer

3 Ordne und schreibe die Wörter mit **i** und **ie**.

die Lieder	die Kirche	der Riese	binden
kriechen	die Fichte	spiegeln	liegen
impfen	der Winter	die Kriege	der Pinsel

ie

die Lieder | der Riese
kriechen | spiegeln
liegen | die Kriege

i

die Kirche | binden
die Fichte | impfen
der Winter | der Pinsel

1 Finde die Wortpaare und schreibe sie.

ziehen	schließen	du kriechst	er riecht
schieben	kriechen	du ziehst	du schließt
frieren	riechen	er schiebt	du frierst

ziehen / du ziehst | schließen / du schließt
schieben / er schiebt | kriechen / du kriechst
frieren / du frierst | riechen / er riecht

2 Finde die Wortpaare und schreibe sie.

die Tiefe	der Frieden	zielen	schwierig
das Ziel	die Schwierigkeit	riesig	lieben
der Riese	die Liebe	tief	friedlich

die Tiefe / tief | der Frieden / friedlich
das Ziel / zielen | die Schwierigkeit / schwierig
der Riese / riesig | die Liebe / lieben

Ordne und schreibe die Wörter mit **ie**.

schwierig	schließen	nie	tief
ziehen	schwieriger	niemand	niemals
schließlich	die Tiefe	er zieht	schwierige
du ziehst	du schließt	tiefer	die Schwierigkeit
niemanden	die Erziehung	die Schließung	vertiefen

Wortstamm Schwierig/schwierig

schwierig | schwieriger
schwierige | die Schwierigkeit

Wortstamm Schließ/schließ

schließen | schließlich
du schließt | die Schließung

Wortstamm nie

nie | niemand
niemals | niemanden

Wortstamm Tief/tief

tief | die Tiefe
tiefer | vertiefen

Wortstamm zieh

ziehen | er zieht
du ziehst | die Erziehung

Lösungen (Seite 72 bis 75)

Fremdwörter/Merkwörter mit i

1 Schreibe die Wörter mit **i**.

Idee	Virus	Familie	Taxi
Musik	Radio	Afrika	Pyramide
Amerika	Kino	Biber	Tiger

Idee	Virus
Familie	Taxi
Musik	Radio
Afrika	Pyramide
Amerika	Kino
Biber	Tiger

2 Schreibe die Wörter aus Aufgabe 1 in die richtige Lücke.

Ich habe eine Idee:
Wenn wir alle eine Impfung gegen das Virus haben, mache ich mit meiner Familie eine Weltreise! Mit dem Taxi fahren wir zum Flughafen. Es läuft tolle Musik im Radio. Dann fliegen wir nach Afrika. Dort steht auch die große Pyramide. Später fliegen wir weiter. Vielleicht nach Amerika. Dort schauen wir zu, wie ein Film für das Kino gedreht wird. Oder wir beobachten Biber und Tiger im Zoo von New York. Das würde mir sehr gut gefallen!

Fremdwörter mit -ine

1 Ordne richtig zu und schreibe die Nomen mit **-ine**.

Magazine	Cousine	Mandarine	Maschine
Ruine	Pinguine	Gardine	Rosine

Zeitschriften	→	Magazine
getrocknete Traube	→	Rosine
Verwandte	→	Cousine
flugunfähige Vögel	→	Pinguine
Obst	→	Mandarine
technisches Gerät	→	Maschine
zerstörtes Haus	→	Ruine
Vorhang	→	Gardine

2 Schreibe sechs Nomen aus Aufgabe 1 in die richtige Lücke.

Meine Oma liest gerne Magazine.
Auf meinem Keks ist eine einzelne Rosine.
Meine Cousine und ich besuchen im Zoo die Pinguine.
Ich esse gerne eine Mandarine nach dem Essen.
Eine Maschine zum Nähen nennt man Nähmaschine.

Verben mit -ieren

1 Ordne richtig zu und schreibe die Verben mit **-ieren**.

passieren	skizzieren	nummerieren	spazieren
trainieren	informieren	verlieren	probieren

der Pass	→	passieren
die Probe	→	probieren
die Skizze	→	skizzieren
das Training	→	trainieren
der Verlust	→	verlieren
die Information	→	informieren
die Nummer	→	nummerieren
der Spaziergang	→	spazieren

2 Schreibe sechs Verben aus Aufgabe 1 in die richtige Lücke.

Wir passieren die Grenze nach Frankreich.
Wir probieren von den Süßigkeiten.
Bevor Maler malen, skizzieren sie ein Bild.
Die Schüler trainieren, damit sie das Turnier nicht verlieren.
Die Schiedsrichter informieren über die Ergebnisse.

Wörter mit vokalisiertem r

1 Schreibe die Wörter mit **r**.

die Tür	wirklich	die Geburt	der Urlaub
morgen	merken	sofort	das Ergebnis
schwer	hart		

die Tür	wirklich
die Geburt	der Urlaub
morgen	merken
sofort	das Ergebnis
schwer	hart

2 Schreibe die Wörter mit **r** in die richtige Lücke.

Natur	Burg	werfen	Dorf
Arzt	ernten	flüstern	gestern

In der Natur gibt es überall Tiere und Pflanzen zu entdecken.
Früher lebten tapfere Ritter auf dieser alten Burg.
Die Kinder werfen sich gegenseitig den Ball zu.
Mark wohnt in der Stadt. Barbara wohnt auf dem Dorf.
Der Arzt gibt dem Patienten eine Spritze gegen die Schmerzen.
Nächste Woche sind die Äpfel reif. Dann können wir sie ernten.
Die beiden Mädchen flüstern, weil sie ein Geheimnis haben.
Wann seid ihr gestern Abend nach Hause gekommen?

Wörter mit vokalisiertem r

1 Trage die Wörter richtig ein und löse das Rätsel.

~~Vampir~~	~~Eltern~~	~~Sturm~~	~~Nashorn~~
~~Chor~~	~~Erde~~	~~Wurst~~	

1 
2 
3 
4 
5 
6 
7 

					1 V	a	m	p	i	r
			2 C	h	o	r				
			3 W	u	r	s	t			
4 E	l	t	e	r	n					
				5 N	a	s	h	o	r	n
	6 S	t	u	r	m					
		7 E	r	d	e					

2 Trage das Lösungswort ein.

Der Vorname des Schnabeltiers ist Rico.

3 Schreibe die Wörter mit r in die richtige Lücke.

~~voraus/dort~~	~~Markt/schwer~~	~~Karten/Werder~~
~~Tür/Garten~~	~~Würfel/schwarz~~	

Geh schon einmal voraus und warte dort auf mich.

Lars hat einiges auf dem Markt geholt. Die Tüten sind schwer.

Marta hat Karten für ein Fußballspiel von Werder Bremen.

Daniel öffnet die Tür und geht in den Garten.

Die Würfel sind schwarz. Sie gehören Mareike und Steffi.

Wörter mit vokalisiertem r

1 Finde die Reimpaare und schreibe sie.

~~nur~~	~~Stern~~	~~Sturz~~	~~gern~~
~~darf~~	~~kurz~~	~~Flur~~	~~schwer~~
~~Arm~~	~~Berg~~	~~Zwerg~~	~~hart~~
~~wer~~	~~Start~~	~~warm~~	~~scharf~~

nur – Flur

Stern – gern

darf – scharf

kurz – Sturz

Arm – warm

Berg – Zwerg

wer – schwer

Start – hart

2 Verbinde die Wörter, die zusammengehören.

3 Schreibe die Wortpaare.

antworten – du darfst / wir dürfen – Antwort: antworten – Antwort; wir dürfen – du darfst

kürzer – kurz: kürzer – kurz

wir werden – er wird: wir werden – er wird

Wörter mit vokalisiertem r: Wortstamm

Ordne und schreibe die Wörter mit r.

~~stark~~	~~erstens~~	~~der Durst~~	~~schärfen~~
~~stärker~~	~~erst~~	~~dursten~~	~~die Stärke~~
~~scharf~~	~~der Erste~~	~~die Starke~~	~~die Schärfe~~
~~zuerst~~	~~stärken~~	~~verdursten~~	~~die Erste~~
~~durstig~~	~~erster~~	~~schärfer~~	~~die Stärkung~~

Wortstamm Stark/stark und Stärk/stärk

stark – stärker

die Stärke – die Starke

stärken – die Stärkung

Wortstamm Erst/erst

erstens – erst

der Erste – zuerst

die Erste – erster

Wortstamm Durst/durst

der Durst – dursten

verdursten – durstig

Wortstamm scharf und Schärf/schärf

schärfen – scharf

die Schärfe – schärfer

Wörter mit V/v

Ordne die passenden Reimwörter zu und schreibe sie.

~~brav~~	~~versuchen~~	~~Vorsicht~~	~~Advent~~
~~er vergaß~~	~~vielleicht~~	~~verwandt~~	~~er vergisst~~
~~verbrauchen~~	~~voll~~	~~verbieten~~	~~verstecken~~
~~Vulkan~~	~~viel~~	~~Silvester~~	~~vier~~
~~steinhart~~	~~vollständig~~	~~vergessen~~	~~Verletzung~~
~~Vase~~	~~Verwandter~~		

Schaf →	brav	Gesandter →	Verwandter
vermieten →	verbieten	Orchester →	Silvester
Stiel →	viel	Orkan →	Vulkan
hier →	vier	bedecken →	verstecken
er hat Spaß →	er vergaß	entspannt →	verwandt
vermessen →	vergessen	Blase →	Vase
Fortsetzung →	Verletzung	Kuchen →	versuchen
gebleicht →	vielleicht	beidhändig →	vollständig
Torwart →	steinhart	toll →	voll
Blaulicht →	Vorsicht	Moment →	Advent
verstauchen →	verbrauchen	sie hisst →	er vergisst

Wörter mit V/v

1 Schreibe die Wörter mit **V/v**.

verlieren	er verlor	vorsichtig	vorher
Pullover	verstecken	Virus	vorne
Silvester	bevor		

verlieren	er verlor
vorsichtig	vorher
Pullover	verstecken
Virus	vorne
Silvester	bevor

2 Schreibe die Wörter mit **V/v** in die richtige Lücke.

Viren	vom	Versteck	vorne
verletzen	vorsichtig	voraus	vorbei

Viviens Hund braucht wieder seine Impfungen gegen Viren. Doch der Hund scheint wie vom Erdboden verschluckt. Sie findet ihn in seinem Versteck. Er hockt unter dem Tisch und vorne schaut sein Schwanz hervor. Da Vivien ihn nicht verletzen will, lockt sie ihn vorsichtig mit einem Stück Wurst heraus. Mit der Wurst voraus folgt ihr der Vierbeiner auch zum Tierarzt. Der Piks ist ganz schnell vorbei. Nur die Wurst ist noch schneller verschlungen.

Wörter mit x/chs/ks

Ordne und schreibe die Wörter mit **x**, **chs** und **ks**.

der Text	der Fuchs	der Keks	die Füchse
die Äxte	das Gewächs	das Taxi	gewachsen
links	mixen	das Wachs	das Lexikon
der Lachs	wechseln	boxen	sechs
die Axt	wachsen	der Luchs	der Dachs
die Lexika	die Eidechse		

Wörter mit x

der Text	die Äxte
das Taxi	mixen
das Lexikon	boxen
die Axt	die Lexika

Wörter mit chs

der Fuchs	die Füchse
das Gewächs	gewachsen
das Wachs	der Lachs
wechseln	sechs
wachsen	der Luchs
der Dachs	die Eidechse

Wörter mit ks

der Keks	links

Wörter mit x/chs/ks: Sätze

1 Kreise in den Sätzen alle **x, chs** oder **ks** ein.

Felix las in einem Text von Alexa.
Alexa wuchs bei sechs Hexen auf.
Eines Tages fand sie eine Kiste Kekse
und viele Lexika.
Sie lernte alles von A wie Axt bis Z wie Zuwachs.
Sie lernte so boxen oder
wie man Getränke mixen kann.
Wie ein Lachs aussieht, wusste sie dann auch.
Felix will auch so ein Lexikon haben.
Er wünscht es sich von Papa Axel zu Weihnachten.

2 Schreibe die Sätze aus Aufgabe 1 ab.

Felix las in einem Text von Alexa.
Alexa wuchs bei sechs Hexen auf.
Eines Tages fand sie eine Kiste Kekse
und viele Lexika.
Sie lernte alles von A wie Axt bis Z wie Zuwachs.
Sie lernte so boxen oder
wie man Getränke mixen kann.
Wie ein Lachs aussieht, wusste sie dann auch.
Felix will auch so ein Lexikon haben.
Er wünscht es sich von Papa Axel zu Weihnachten.

Wörter mit Dehnungs-h/stummem h

1 Verbinde die Wörter, die zusammengehören.

2 Schreibe die Wortpaare.

erzählen	Erzählung	erzählen – Erzählung
Wahl	wählen	Wahl – wählen
Draht	Ernährung	Draht – Drähte
ernähren	Drähte	ernähren – Ernährung
führen	Lehrerin	führen – Führung
Lehrer	Führung	Lehrer – Lehrerin
hohl	Höhle	hohl – Höhle
Gefahr	gefährlich	Gefahr – gefährlich
Jahr	er nahm	Jahr – jährlich
nehmen	jährlich	nehmen – er nahm
Stuhl	Stühle	Stuhl – Stühle
fühlen	du fühlst	fühlen – du fühlst
fröhlich	Fröhlichkeit	fröhlich – Fröhlichkeit
früh	Frühstück	früh – Frühstück

Wörter mit Dehnungs-h / stummem h

1 Ordne die passenden Reimwörter zu und schreibe sie.

befehlen	Feuerwehr	Wahrheit	zehn
Fahrrad	Huhn	Löhne	ehrlich
Wahl	Mühle	bohren	kühl

stehlen	→	befehlen	Söhne	→	Löhne
tun	→	Huhn	Verkehr	→	Feuerwehr
schwül	→	kühl	Sporen	→	bohren
kahl	→	Wahl	Stühle	→	Mühle
Klarheit	→	Wahrheit	Seen	→	zehn
Strandbad	→	Fahrrad	gefährlich	→	ehrlich

2 Finde die Reimpaare und schreibe sie.

Ohr	fühlen	kühlen	Zahn
Lohn	Bahn	wahr	Rohr
Jahr	wohl	hohl	Sohn

Ohr
Rohr

fühlen
kühlen

Lohn
Sohn

Bahn
Zahn

Jahr
wahr

wohl
hohl

Wörter mit Dehnungs-h / stummem h

1 Schreibe die Wörter mit **Dehnungs-h**.

sehr	Nahrung	ihr	mahlen
Mühlen	ohne	ungefähr	Zahl
ihnen	mehr		

sehr — Nahrung
ihr — mahlen
Mühlen — ohne
ungefähr — Zahl
ihnen — mehr

2 Schreibe die Wörter aus Aufgabe 1 in die richtige Lücke.

Brot war schon immer ein sehr wichtiger Teil unserer Nahrung. Früher mussten alle das Getreide für ihr Brot selbst mahlen. Große Mühlen wurden erst später erfunden. Und ohne die heutige Technik war das harte Arbeit. Die Menschen mussten ungefähr 10 000 Weizenkörner für ein einziges Brot vermahlen. Was für eine große Zahl! Wahrscheinlich hat ihnen aber das selbstgebackene Brot besser geschmeckt als uns so manches Industriebrot von heute. Mit Maschinen lässt sich heute viel schneller mehr Brot herstellen.

Wörter mit Dehnungs-h / stummem h: Wortstamm

Ordne und schreibe die Wörter mit **Dehnungs-h**.

fahren	fühlen	stehlen	zählen
du fährst	die Zahlen	der Diebstahl	das Gefühl
ich stehle	ich fuhr vor	die Fahrt	ich stahl
du fühlst	du stiehlst	die Vorfahrt	du stahlst
du zählst	verzählen	die Gefühle	die Fahrräder

Wortstamm Fahr / fahr und fähr und fuhr

fahren — du fährst
ich fuhr vor — die Fahrt
die Vorfahrt — die Fahrräder

Wortstamm fühl

fühlen — das Gefühl
du fühlst — die Gefühle

Wortstamm stehl und stiehl und stahl

stehlen — der Diebstahl
ich stehle — ich stahl
du stiehlst — du stahlst

Wortstamm zähl und Zahl

zählen — die Zahlen
du zählst — verzählen

Wörter mit Doppelvokal

1 Finde die Reimpaare und schreibe sie.

Beere	Haare	Klo	Paare
Zoo	leer	Aal	Meer
Saal	See	Schere	Los
Moos	Boot	Brot	Tee

Beere
Schere

Haare
Paare

Zoo
Klo

leer
Meer

Saal
Aal

See
Tee

Moos
Los

Boot
Brot

2 Schreibe die Wörter mit **Doppelvokal** in die richtige Lücke.

Seen	Beet	Moschee	Waage

In Mecklenburg gibt es viele Seen.

Im Beet wachsen leckere Erdbeeren.

Die Moschee wird feierlich eröffnet.

Beim Backen braucht man oft eine Waage.

Native Wörter mit ä

Löse das Rätsel. Trage die Wörter richtig ein.

Mädchen	Lärm	Käfige	Märchen
Rätsel	später	ungefähr	nämlich
ärgern	Träne	Käfig	während
Mähne	Käfer	Käse	gähnen

- Der Vogel sitzt in einem Käfig.
- Ein Flugzeug und ein Rasenmäher machen sehr viel Lärm.
- kein Junge, sondern ein Mädchen
- nicht früher, sondern später
- die Einzahl von „Tränen": eine Träne
- die Mehrzahl von „Käfig": viele Käfige
- „Schneewittchen und die 7 Zwerge" ist ein Märchen.
- das Wort „ungefährlich" ohne -lich: ungefähr
- Diese Aufgabe ist ein Rätsel.
- ersetze d durch n: dämlich → nämlich
- Das machen Geschwister oft: sich gegenseitig ärgern
- Nicht danach oder davor, sondern während.
- ein Insekt mit sechs Beinen: Käfer
- Aus Milch kann man Käse herstellen.
- Wenn wir müde sind, müssen wir oft gähnen.
- Der Löwe hat eine flauschige Mähne.

Wörter mit Eu/eu

1 Verbinde die Wörter, die zusammengehören.

2 Schreibe die Wortpaare.

Steuer	Steuerung	Steuer – Steuerung
deutsch	Deutschland	deutsch – Deutschland
Kreuz	Freude	Kreuz – Kreuzung
freuen	Kreuzung	freuen – Freude
feucht	Feuchtigkeit	feucht – Feuchtigkeit
Feuer	Feuerwehr	Feuer – Feuerwehr
Freund	Beleuchtung	Freund – freundlich
leuchten	freundlich	leuchten – Beleuchtung

3 Ordne richtig zu und schreibe die Wörter mit **Eu/eu**.

Europa	neu	Zeugnis	Ungeheuer

- Kontinent → Europa
- Monster → Ungeheuer
- nicht alt → neu
- Urkunde → Zeugnis

Wörter mit Eu/eu: Sätze

1 Kreise in den Sätzen alle **Eu/eu** ein.

Manche Leute mögen keine Hunde.
Aber heute hat meiner uns das Leben gerettet.
Es war etwa neun Uhr.
Er war wohl wach wie eine Eule.
Auf einmal bellte er laut und deutlich.
Das war neu.
Sonst ist mein treuer Freund immer leise.
Und dann roch ich das Feuer!
Ihr könnt euch freuen: Wir löschten das Feuer.
Bald war alles nur noch feucht.

2 Schreibe die Sätze aus Aufgabe 1 ab.

Manche Leute mögen keine Hunde.
Aber heute hat meiner uns das Leben gerettet.
Es war etwa neun Uhr.
Er war wohl wach wie eine Eule.
Auf einmal bellte er laut und deutlich.
Das war neu.
Sonst ist mein treuer Freund immer leise.
Und dann roch ich das Feuer!
Ihr könnt euch freuen: Wir löschten das Feuer.
Bald war alles nur noch feucht.

Weitere Merkwörter/Fremdwörter

Ordne und schreibe die Wörter alphabetisch von A bis w.

Aquarien	Skizze	fair	Beispiel
international	E-Mail	Quiz	vielleicht
niemals	hübsch	Medien	Radio
Qualm	Temperatur	Jugend	unsere
Pizza	Obst	während	Linie
Diskette	Geld	bequem	Herbst
Theater	Chef		

Aquarien	Beispiel
bequem	Chef
Diskette	E-Mail
fair	Geld
Herbst	hübsch
international	Jugend
Linie	Medien
niemals	Obst
Pizza	Qualm
Quiz	Radio
Skizze	Temperatur
Theater	unsere
vielleicht	während

Weitere Merkwörter/Fremdwörter

1 Schreibe die **Merkwörter / Fremdwörter**.

~~Apotheke~~	~~Christ~~	~~Pullover~~	~~Lineal~~
~~Roland~~	~~Training~~	~~Magnet~~	~~rechts~~
~~mailen~~	~~Religion~~	~~Theater~~	~~Familie~~

Apotheke — Christ
Pullover — Lineal
Roland — Training
Magnet — rechts
mailen — Religion
Theater — Familie

2 Schreibe die **Merkwörter / Fremdwörter** in die richtige Lücke.

~~Interview~~	~~Medien~~	~~Chance~~	~~Internet~~
~~surfen~~	~~Themen~~	~~Informationen~~	~~Tablet-PCs~~
~~E-Mail~~	~~cool~~		

Ich habe ein Interview gesehen. Darin hat ein Wissenschaftler bestätigt, dass die neuen Medien eine große Chance für uns sind. Wenn wir im Internet surfen, können wir zu allen Themen viele Informationen finden. Durch neue Geräte wie Tablet-PCs können wir zum Beispiel überall eine E-Mail schreiben. Das ist schon sehr cool!

Wörter mit der Vorsilbe Vor-/vor-

1 Schreibe die Verben mit der Vorsilbe **vor-**.

vor-	~~lesen~~	~~nehmen~~	~~schlagen~~	~~schreiben~~

vorlesen — vornehmen
vorschlagen — vorschreiben

2 Schreibe die Nomen mit der Vorsilbe **Vor-**.

~~die Vorsicht~~	~~der Vorteil~~	~~das Vorkommen~~	~~die Vorfahrt~~

die Vorsicht — der Vorteil
das Vorkommen — die Vorfahrt

3 Schreibe die Wörter mit der Vorsilbe **Vor- / vor-** in die richtige Lücke.

~~Vorfahren/Vorpommern~~	~~vorkommen/vorrechnen~~	~~vorsichtig/vorbei~~
~~Vormittag/vortragen~~	~~Vornamen/vorlesen~~	~~vorgestern/Vortrag~~
~~Vorsicht/Vorfahrt~~		

Maras Vorfahren kommen aus Vorpommern.
Tim darf an die Tafel vorkommen und vorrechnen.
Der Fahrradfahrer fährt vorsichtig am Auto vorbei.
Am Vormittag dürfen die Kinder Gedichte vortragen.
Der Mann soll seinen Vornamen laut vorlesen.
Jan hat vorgestern einen Vortrag gehalten.
Vorsicht: Autos haben hier Vorfahrt!

Wörter mit der Vorsilbe Ver-/ver-

1 Schreibe die Verben mit der Vorsilbe **ver-**.

ver-	~~kleiden~~	~~trauen~~	~~packen~~	~~raten~~

verkleiden — vertrauen
verpacken — verraten

2 Schreibe die Nomen mit der Vorsilbe **Ver-**.

~~die Verschmutzung~~	~~die Verletzung~~	~~das Versteck~~	~~der Versuch~~
~~die Verkäuferin~~	~~der Verein~~	~~das Verbot~~	~~die Verkleidung~~

die Verschmutzung — die Verletzung
das Versteck — der Versuch
die Verkäuferin — der Verein
das Verbot — die Verkleidung

3 Zerlege die Wörter in Silben.

vereinen	ver	ei	nen
verbrennen	ver	bren	nen
Verkäufer	Ver	käu	fer
verbrauchen	ver	brau	chen
Vertrauen	Ver	trau	en
verspäten	ver	spä	ten

Verben mit der Vorsilbe ver-: Wortfamilien

Ordne und schreibe die Verben mit der Vorsilbe **ver-**.

~~wir verlieren~~	~~wir vergessen~~	~~wir versprechen~~	~~wir vergleichen~~
~~wir verletzen~~	~~er verletzte~~	~~er vergaß~~	~~ich verglich~~
~~sie vergaßen~~	~~du vergleichst~~	~~er verlor~~	~~du vergisst~~
~~er versprach~~	~~du verlierst~~	~~er verspricht~~	~~er verglich~~
~~du verletzt~~	~~ich verspreche~~	~~ich verlor~~	~~ich verletzte~~

Wortfamilie verlieren

wir verlieren — er verlor
du verlierst — ich verlor

Wortfamilie vergessen

wir vergessen — er vergaß
sie vergaßen — du vergisst

Wortfamilie versprechen

wir versprechen — er versprach
er verspricht — ich verspreche

Wortfamilie vergleichen

wir vergleichen — ich verglich
du vergleichst — er verglich

Wortfamilie verletzen

wir verletzen — er verletzte
du verletzt — ich verletzte

Verben mit den Vorsilben vor- und ver-

1 Welche Vorsilbe passt? Verbinde das Verb mit der richtigen Vorsilbe und schreibe.

vor- / ver-	ver- – bieten	verbieten
vor- / ver-	ver- – schwinden	verschwinden
vor- / ver-	ver- – stecken	verstecken
vor- / ver-	ver- – gleichen	vergleichen

2 Schreibe die Verben aus Aufgabe 1 in die richtige Lücke.

Meine Eltern verbieten mir, vor dem Essen Süßigkeiten zu naschen.

Bei uns verschwinden immer Socken in der Waschmaschine.

Der Hund muss sich unter dem Sofa vor der Katze verstecken.

Lara und Lisa vergleichen ihre Haarfarben miteinander.

3 Welche Vorsilbe passt? Ergänze **vor-** oder **ver-**.

Für die Party verkleidest du dich als lustiger Clown.

Tim möchte Lena vorschlagen, heute zusammen ins Kino zu gehen.

Der König will verreisen und lässt schon einmal die Kutsche vorfahren.

Pass auf, dass du dich nicht an der heißen Herdplatte verbrennst!

Verben mit den Vorsilben auf-/be-/ent-/um-/er-

Schreibe die Verben mit der Vorsilbe.

auf-	~~passen~~	~~wecken~~	~~stehen~~	~~räumen~~

aufpassen – aufwecken
aufstehen – aufräumen

be-	~~grüßen~~	~~nehmen~~	~~fehlen~~	~~lohnen~~

begrüßen – benehmen
befehlen – belohnen

ent-	~~decken~~	~~fernen~~	~~wickeln~~	~~scheiden~~

entdecken – entfernen
entwickeln – entscheiden

um-	~~kehren~~	~~fahren~~	~~rechnen~~	~~rühren~~

umkehren – umfahren
umrechnen – umrühren

er-	~~klären~~	~~leben~~	~~zählen~~	~~halten~~
	~~schrecken~~	~~reichen~~	~~finden~~	~~kennen~~

erklären – erleben
erzählen – erhalten
erschrecken – erreichen
erfinden – erkennen

Verben mit den Vorsilben emp-/ge-/zer-/ein-/über-/her-

1 Welche Vorsilbe passt? Verbinde das Verb mit der richtigen Vorsilbe und schreibe.

emp- / ge-	ge- – fallen	gefallen
emp- / zer-	emp- – finden	empfinden
ein- / über-	über- – queren	überqueren
her- / ge-	her- – stellen	herstellen
ein- / zer-	ein- – steigen	einsteigen

2 Schreibe die Verben aus Aufgabe 1 in die richtige Lücke.

Ich habe mehrere Fotos gemacht. Welche gefallen dir am besten?

Wenn wir anderen helfen können, empfinden wir Freude.

Wir sollten die Straße besser beim Zebrastreifen überqueren.

Wusstest du, dass man Butter ganz einfach selbst herstellen kann?

Wir fragen den Busfahrer, ob wir schon in den Bus einsteigen dürfen.

3 Welche Vorsilbe passt? Ergänze **ein-** oder **zer-**.

Der Koffer ist voll. Mara kann nicht noch mehr Kleider einpacken.

Im Mathematikunterricht lernen die Kinder heute, wie sie Zahlen zerlegen.

Unregelmäßige Verben: Präteritum

1 Verbinde die Wörter, die zusammengehören.

2 Schreibe die Wortpaare.

wir denken	wir dachten	wir denken – wir dachten
wir singen	wir sangen	wir singen – wir sangen
wir bleiben	wir aßen	wir bleiben – wir blieben
wir essen	wir blieben	wir essen – wir aßen
wir geben	wir saßen	wir geben – wir gaben
wir sitzen	wir gaben	wir sitzen – wir saßen
wir gehen	wir gingen	wir gehen – wir gingen
wir ziehen	wir zogen	wir ziehen – wir zogen
wir kommen	wir kamen	wir kommen – wir kamen
wir trinken	wir tranken	wir trinken – wir tranken
wir lesen	wir riefen	wir lesen – wir lasen
wir rufen	wir lasen	wir rufen – wir riefen
wir fallen	wir fielen	wir fallen – wir fielen
wir heißen	wir hießen	wir heißen – wir hießen

Unregelmäßige Verben: Präteritum

1 Verbinde die Wörter, die zusammengehören.

2 Schreibe die Wortpaare.

wir tragen	wir hingen	wir tragen – wir trugen
wir hängen	wir trugen	wir hängen – wir hingen
wir steigen	wir konnten	wir steigen – wir stiegen
wir können	wir stiegen	wir können – wir konnten
wir schieben	wir schoben	wir schieben – wir schoben
wir scheinen	wir schienen	wir scheinen – wir schienen
wir laufen	wir ließen	wir laufen – wir liefen
wir lassen	wir liefen	wir lassen – wir ließen
wir müssen	wir mussten	wir müssen – wir mussten
wir liegen	wir lagen	wir liegen – wir lagen
ich lese vor	ich mochte	ich lese vor – ich las vor
ich mag	ich las vor	ich mag – ich mochte
ich schiebe	ich schob	ich schiebe – ich schob
ich schreie	ich schrie	ich schreie – ich schrie

Unregelmäßige Verben: Perfekt

Schreibe die Verben im Perfekt (gesprochene Vergangenheit).

~~gerissen~~	~~gekrochen~~	~~geschlossen~~	~~gewusst~~
~~geschwommen~~	~~gebeten~~	~~gemocht~~	~~gestritten~~
~~gewonnen~~	~~gestrichen~~	~~geschwiegen~~	~~gebogen~~
~~gegossen~~	~~gehangen~~	~~gekannt~~	~~gebissen~~
~~geschoben~~	~~getroffen~~	~~gezogen~~	~~gelassen~~

er reißt – er hat gerissen
er gewinnt – er hat gewonnen
er bittet – er hat gebeten
er kriecht – er ist gekrochen
er trifft – er hat getroffen
er beißt – er hat gebissen
er schiebt – er hat geschoben
er zieht – er hat gezogen
er biegt – er hat gebogen
er weiß – er hat gewusst

er gießt – er hat gegossen
er hängt – er hat gehangen
er schwimmt – er ist geschwommen
er kennt – er hat gekannt
er lässt – er hat gelassen
er mag – er hat gemocht
er streicht – er hat gestrichen
er schließt – er hat geschlossen
er schweigt – er hat geschwiegen
er streitet – er hat gestritten

Unregelmäßige Verben: Wortfamilien

Ordne und schreibe die Wörter.

~~wir dürfen~~	~~wir frieren~~	~~wir messen~~	~~wir schlafen~~
~~du darfst~~	~~wir maßen~~	~~er misst~~	~~ich durfte~~
~~Miss!~~	~~wir schliefen~~	~~er fror~~	~~er maß~~
~~du frierst~~	~~er hat gedurft~~	~~er hat gemessen~~	~~du schläfst~~
~~du schliefst~~	~~er schlief~~	~~er hat gefroren~~	~~er hat geschlafen~~

Wortfamilie dürfen

wir dürfen – du darfst
ich durfte – er hat gedurft

Wortfamilie frieren

wir frieren – er fror
du frierst – er hat gefroren

Wortfamilie messen

wir messen – wir maßen
er misst – Miss!
er maß – er hat gemessen

Wortfamilie schlafen

wir schlafen – wir schliefen
du schläfst – du schliefst
er schlief – er hat geschlafen

Worttrennung nach Schreibsilben

Markiere die Trennstellen und schreibe die Wörter in Schreibsilben auf.

Bo|den	Bo-den	neu	neu
et|was	et-was	bei|de	bei-de
ge|hö|ren	ge-hö-ren	ja|gen	ja-gen
Luft	Luft	mö|gen	mö-gen
hel|fen	hel-fen	wei|nen	wei-nen
Na|se	Na-se	freu|en	freu-en
Stein	Stein	ge|gen	ge-gen
rei|ten	rei-ten	ne|ben	ne-ben
run|ter	run-ter	Wa|gen	Wa-gen
heu|te	heu-te	brem|sen	brem-sen
Hals	Hals	Sei|te	Sei-te
ge|nau	ge-nau	je|der	je-der
Zei|tung	Zei-tung	hier	hier

Worttrennung nach Schreibsilben

1 Stimmt das? Dann setze einen Haken ✔ in das Kästchen.

- ☑ Bei der Worttrennung in Schreibsilben darf **sch** und **ch** nicht getrennt werden. Beispiel: Fla-**sche**, Sa-**che**
- ☑ Bei der Worttrennung in Schreibsilben wird **ng** und **nk** getrennt. Beispiel: Fin-**ger**, tan-**ken**
- ☑ Am Wortanfang und Wortende darf kein einzelner Buchstabe abgetrennt werden. Beispiel: **o**ben, **E**le-fant

2 Markiere die Trennstellen und schreibe die Wörter in Schreibsilben auf.

Sa|che	Sa-che	oben	oben
tan|ken	tan-ken	schlecht	schlecht
Fla|sche	Fla-sche	spre|chen	spre-chen
schen|ken	schen-ken	Loch	Loch
Ta|sche	Ta-sche	Ding	Ding
Licht	Licht	zwi|schen	zwi-schen
sprin|gen	sprin-gen	Ele|fant	Ele-fant
Ge|schich|te	Ge-schich-te	Mensch	Mensch
reich	reich	Fin|ger	Fin-ger
Fisch	Fisch	Milch	Milch

104 Worttrennung

Weitere Titel der Rico-Schnabel-Reihe

Lesen mit Rico Schnabel

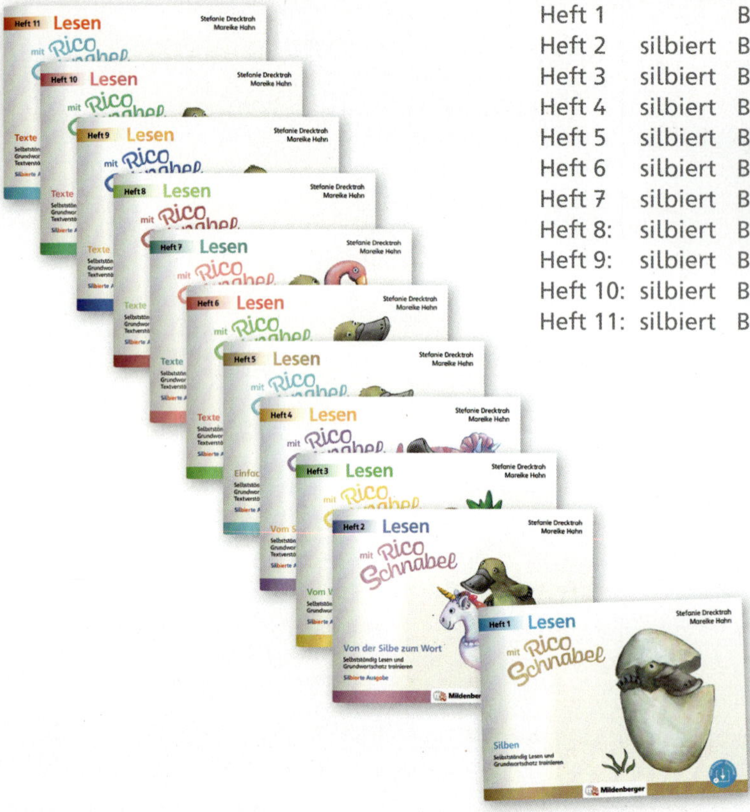

Heft 1		Bestell-Nr. 1200-51	ISBN 978-3-619-12051-2
Heft 2	silbiert	Bestell-Nr. 1200-62	ISBN 978-3-619-12062-8
Heft 3	silbiert	Bestell-Nr. 1200-63	ISBN 978-3-619-12063-5
Heft 4	silbiert	Bestell-Nr. 1200-64	ISBN 978-3-619-12064-2
Heft 5	silbiert	Bestell-Nr. 1200-65	ISBN 978-3-619-12065-9
Heft 6	silbiert	Bestell-Nr. 1200-66	ISBN 978-3-619-12066-6
Heft 7	silbiert	Bestell-Nr. 1200-67	ISBN 978-3-619-12067-3
Heft 8:	silbiert	Bestell-Nr. 2200-61	ISBN 978-3-619-22061-8
Heft 9:	silbiert	Bestell-Nr. 2200-62	ISBN 978-3-619-22062-5
Heft 10:	silbiert	Bestell-Nr. 2200-63	ISBN 978-3-619-22063-2
Heft 11:	silbiert	Bestell-Nr. 2200-64	ISBN 978-3-619-22064-9

Rechnen mit Rico Schnabel

Rechnen mit Rico Schnabel 3,
Heft 1 – Selbstständig das Addieren und Subtrahieren bis 1 000 trainieren:
Bestell-Nr. 3500-40 ISBN: 978-3-619-35399-6

Rechnen mit Rico Schnabel 3,
Heft 2 – Selbstständig das Multiplizieren und Dividieren trainieren:
Bestell-Nr. 3500-41 ISBN 978-3-619-35401-6

Rechnen mit Rico Schnabel 3,
Heft 3 – Selbstständig Größen und Sachrechnen trainieren:
Bestell-Nr. 3500-42 ISBN 978-3-619-35402-3

Rechnen mit Rico Schnabel 4,
Heft 1 – Selbstständig das Addieren und Subtrahieren bis 1 000 000 trainieren:
Bestell-Nr. 4500-40 ISBN: 978-3-619-45400-6

Rechnen mit Rico Schnabel 4,
Heft 2 – Selbstständig das Multiplizieren und Dividieren trainieren:
Bestell-Nr. 4500-41 ISBN 978-3-619-45401-3

Rechnen mit Rico Schnabel 3,
Heft 3 – Selbstständig Größen und Sachrechnen trainieren:
Bestell-Nr. 4500-42 ISBN 978-3-619-45402-0

Stefanie Drecktrah · Mareike Hahn

Rechtschreiben mit Rico Schnabel 3

Selbstständig Rechtschreibung und Grundwortschatz trainieren

Name: ______________________________

Klasse: __________

Mildenberger

Inhaltsverzeichnis

Themen	Seite	Themenblöcke
Konkrete und abstrakte Nomen	4	Nomen I 
Konkrete und abstrakte Nomen ordnen	5	
Nomen: Mehrzahl bilden	8	
Komposita: Nomen und Nomen verbinden	10	Komposita 
Komposita: Nomen und Nomen trennen	11	
Komposita: Adjektiv und Nomen	12	
Komposita: Verb und Nomen	13	
Groß- und Kleinschreibung: Nomen	14	Groß- und Kleinschreibung 
Groß- und Kleinschreibung: Sätze	16	
Nomen mit der Endung -ung	18	Nomen II 
Nomen mit den Endungen -heit und -keit	19	
Nomen mit den Endungen -ung, -heit und -keit: Sätze	20	
Nomen mit den Endungen -e und -er	21	
Adjektive mit den Endungen -ig und -lich	22	Adjektive 
Adjektive: Vergleichsstufen	24	
Wörter mit Doppelkonsonanten: Silbierung	26	Doppelkonsonanten 
Wörter mit Doppelkonsonanten: Wortstamm	30	
Wörter mit Doppelkonsonanten	32	
Wörter mit ck und tz	34	Wichtige Konsonantenverbindungen 
Wörter mit ck und tz: Wortstamm	37	
Wörter mit Pf/pf	38	
Wörter mit Pf/pf: Sätze	39	
Wörter mit ch	40	
Wörter mit St/st und Sp/sp	43	
Wörter mit St/st und Sp/sp: Sätze	44	
Wörter mit nk	45	
Wörter mit ng	46	
Wörter mit ng: Wortstamm	47	
Auslautverhärtung: Nomen, d/t, g/k, b/p, verlängern	48	Auslautverhärtung – verlängern 
Auslautverhärtung: Verben, g/k, b/p, verlängern	50	
Auslautverhärtung: Verben, Wortfamilien	51	
Auslautverhärtung: d/t, g/k, b/p, verlängern	52	
Auslautverhärtung: Adjektive, d/t, g/k, b/p, verlängern	53	
Auslautverhärtung: Wortstamm	54	
Auslautverhärtung: d/t, g/k, b/p, verlängern	55	
Auslautverhärtung: d/t, g/k, b/p, Komposita	56	

Themen	Seite	Themenblöcke
Wörter mit silbentrennendem h, verlängern	57	Silbentrennendes h 
Wörter mit silbentrennendem h	59	
Wörter mit silbentrennendem h: Wortstamm	60	
Wörter mit β	61	Wörter mit β 
Wörter mit β: Wortstamm	62	
Ableiten: Umlaute o → ö, u → ü	63	Umlaute – ableiten 
Ableiten: Umlaute A / a → Ä / ä, au → äu	65	
Ableiten: Umlaute A / a → Ä / ä, au → äu, Wortstamm	68	
Wörter mit i und ie	69	Wörter mit i und ie 
Wörter mit ie	70	
Wörter mit ie: Wortstamm	71	
Fremdwörter / Merkwörter mit i	72	
Fremdwörter mit -ine	73	
Verben mit -ieren	74	
Wörter mit vokalisiertem r	75	 Wörter mit Merkstellen / Wörter mit Besonderheiten
Wörter mit vokalisiertem r: Wortstamm	78	
Wörter mit V / v	79	
Wörter mit x / chs / ks	81	
Wörter mit x / chs / ks: Sätze	82	
Wörter mit Dehnungs-h / stummem h	83	
Wörter mit Dehnungs-h / stummem h: Wortstamm	86	
Wörter mit Doppelvokal	87	
Native Wörter mit ä	88	
Wörter mit Eu / eu	89	
Wörter mit Eu / eu: Sätze	90	
Weitere Merkwörter / Fremdwörter	91	
Wörter mit der Vorsilbe Vor- / vor-	93	Vorsilben 
Wörter mit der Vorsilbe Ver- / ver-	94	
Verben mit der Vorsilbe ver-: Wortfamilien	95	
Verben mit den Vorsilben vor- und ver-	96	
Verben mit den Vorsilben auf- / be- / ent- / um- / er-	97	
Verben mit den Vorsilben emp- / ge- / zer- / ein- / über- / her-	98	
Unregelmäßige Verben: Präteritum	99	Unregelmäßige Verben 
Unregelmäßige Verben: Perfekt	101	
Unregelmäßige Verben: Wortfamilien	102	
Worttrennung nach Schreibsilben	103	Worttrennung 

Konkrete und abstrakte Nomen

1 Stimmt das? Dann setze einen Haken ✔ in das Kästchen.

☐ **Konkrete Nomen** benennen Menschen, Tiere, Pflanzen und Dinge.
Beispiel: der Tisch

☐ **Abstrakte Nomen** benennen Gefühle und anderes, das wir nicht berühren können. Beispiel: die Angst

2 Schreibe die **konkreten Nomen**.

~~der Tisch~~	der Arzt	die Brille	die Gans
der Kamin	die Jacke	der Löffel	das Mädchen
das Reh	der Käfig	die Nuss	die Tanne

der Tisch

3 Schreibe die **abstrakten Nomen**.

~~die Angst~~	die Freude	der Frieden	der Durst
die Hitze	der Geruch	die Pflicht	die Gefahr

die Angst

Ordne und schreibe die Nomen.

~~das Zelt~~	~~der Geschmack~~	das Wissen	der Strauch
die Eltern	der Hunger	die Uhr	der Lärm
der Tiger	die Kiefer	der Spaß	die Kartoffel
die Ruhe	der Pilz	der Kamm	der Zirkel
der Schreck	das Glück	die Zukunft	die Qual
der Stift	der Abend	die Ampel	die Minute

konkrete Nomen (Menschen, Tiere, Pflanzen, Dinge)

das Zelt

abstrakte Nomen (Gefühle und anderes, das wir nicht berühren können)

der Geschmack

Ordne und schreibe die Nomen.

~~das Laub~~	~~der Drang~~	die Mütze	das Pflaster
die Freiheit	der Freund	die Hoffnung	der Ärger
die Tasse	die Wut	der Spiegel	der Mann
die Liebe	der Moment	die Traurigkeit	das Schloss
der Mut	die Blume	die Kirche	die Lust
die Wurst	die Maus	die Nacht	der Herbst

konkrete Nomen (Menschen, Tiere, Pflanzen, Dinge)

das Laub

abstrakte Nomen (Gefühle und anderes, das wir nicht berühren können)

der Drang

Ordne und schreibe die Nomen.

~~das Lineal~~	~~die Mühe~~	die Nähe	die Sprache
die Mutter	der Schlüssel	die Sicherheit	der Spatz
die Trauer	das Vertrauen	der Stolz	der Pullover
die Rose	der Trost	die Freundin	der Hase
die Vorsicht	die Gurke	die Schwester	der Schall
die Angel	die Zuneigung	die Hilfe	die Lupe

konkrete Nomen (Menschen, Tiere, Pflanzen, Dinge)

das Lineal

abstrakte Nomen (Gefühle und anderes, das wir nicht berühren können)

die Mühe

Schreibe die Mehrzahl.

+n

die Bremse
viele Bremsen

die Tasche
viele

die Seite
viele

die Nase
viele

der Nachbar
viele

die Küste
viele

die Linie
viele

die Karte
viele

+e

der Flur
viele Flure

der Kreis
viele

das Tier
viele

das Fest
viele

der Beruf
viele

der Pilz
viele

das Paket
viele

der Ort
viele

+s

der Tablet-PC
viele Tablet-PCs

der Teddy
viele

das Radio
viele

das Taxi
viele

das Hobby
viele

die Party
viele

der Uhu
viele

der Zoo
viele

Schreibe die Mehrzahl.

+en

der Herr
viele Herren

das Bett
viele

das Herz
viele

der Mensch
viele

die Bahn
viele

die Qual
viele

die Burg
viele

die Zensur
viele

+er

das Feld
viele Felder

das Kleid
viele

das Nest
viele

das Licht
viele

das Lied
viele

das Gesicht
viele

der Geist
viele

das Schild
viele

keine Veränderung

der Finger
viele Finger

das Feuer
viele

der Lehrer
viele

das Getreide
viele

das Messer
viele

der Samen
viele

der Sessel
viele

das Gewitter
viele

1 Stimmt das? Dann setze einen Haken ✔ in das Kästchen.

☐ Zusammengesetzte Nomen können aus zwei Nomen bestehen.

☐ Manchmal wird ein **s** zwischen den Nomen eingefügt.
Beispiel: Esel + **s** + Ohr → Esel**s**ohr

2 Bilde zusammengesetzte Nomen und schreibe sie groß.

Nomen + Nomen

Mittag + Essen
Mittagessen

Abend + Essen

Schnee + Mann

Ohr + Ring

Apfel + Baum

Fuß + Ball

Käse + Brot

Sport + Tasche

Sommer + Ferien

Wasser + Bett

Nomen + s + Nomen

Esel + **s** + Ohr
Eselsohr

Boot + **s** + Fahrt

Geburt + **s** + Tag

Advent + **s** + Zeit

Zeitung + **s** + Papier

Liebe + **s** + Brief

Frühstück + **s** + Ei

Verkehr + **s** + Schild

Glück + **s** + Pilz

Rettung + **s** + Boot

1 Stimmt das? Dann setze einen Haken ✔ in das Kästchen.

☐ Bei der Zerlegung von zusammengesetzten Nomen werden beide Nomen großgeschrieben.

2 Trenne die zusammengesetzten Nomen und schreibe die einzelnen Nomen auf.

Wald|brand	Wald	+	Brand
Fisch|futter		+	
Halstuch		+	
Milchflasche		+	
Telefonnummer		+	
Polizeiauto		+	
Badschrank		+	
Stromkabel		+	
Kinofilm		+	
Handtasche		+	
Fruchtsaft		+	
Besenstiel		+	

1 Stimmt das? Dann setze einen Haken ✔ in das Kästchen.

☐ Zusammengesetzte Nomen können auch aus einem Adjektiv und einem Nomen bestehen. Beispiel: kühl + Schrank → Kühlschrank

2 Bilde zusammengesetzte Nomen und schreibe sie groß.

Adjektiv + Nomen	
kühl + Schrank	früh + Stück
Kühlschrank	
hoch + Haus	bunt + Specht
weiß + Brot	wild + Schwein
klein + Geld	schnell + Boot
grau + Gans	frei + Markt

3 Trenne die zusammengesetzten Nomen und schreibe Adjektiv und Nomen einzeln auf.

Braun|bär	braun	+	Bär
Rot|kraut		+	
Großstadt		+	
Heißgetränk		+	
Freizeit		+	

1 Stimmt das? Dann setze einen Haken ✔ in das Kästchen.

☐ Zusammengesetzte Nomen können auch aus einem Verb und einem Nomen bestehen. Beispiel: **schreiben** + Tisch → Schreibtisch

2 Bilde zusammengesetzte Nomen und schreibe sie groß.

Verb + Nomen

schreiben + Tisch Schreibtisch	**fahren** + Rad __________
fahren + Stuhl __________	**schwimmen** + Bad __________
wohnen + Zimmer __________	**gehen** + Weg __________
brüllen + Affe __________	**schaukeln** + Pferd __________
wandern + Tag __________	**malen** + Block __________

3 Trenne die zusammengesetzten Nomen und schreibe Verb und Nomen einzeln auf.

Schließ|fach	schließen	+	Fach
Lese|buch	__________	+	__________
Gießkanne	__________	+	__________
Klappbett	__________	+	__________
Kletterwand	__________	+	__________

1 Stimmt das? Dann setze einen Haken ✔ in das Kästchen.

☐ Nomen werden großgeschrieben.

☐ Ich erkenne Nomen daran, ob **der**, **die** oder **das** davorpasst.

2 Streiche **nur die Nomen** und schreibe sie groß mit Artikel.

besser	~~beruf~~	fernseher	luft	mittag

der Beruf

draht	sogar	brücke	hund	knopf

fluss	mond	zucker	musik	ohne

zug	see	geburt	spät	norden

Streiche **nur die Nomen** und schreibe sie groß mit Artikel.

~~gemeinde~~	hoffentlich	beere	preis	film

die Gemeinde

welt	advent	oft	beispiel	fuchs

traum	zum	boot	flugzeug	unterricht

treu	kunst	müll	obst	punkt

raum	igel	bei	religion	technik

1 Unterstreiche in den Sätzen alle Wörter, die du großschreiben musst.
Achtung: Auch Namen und am Satzanfang schreibt man groß.

<u>max</u> hat endlich ferien und freut sich sehr.
er fährt mit seinen eltern in den urlaub.
sie reisen mit dem auto in den süden.
dort wohnen sie in einem häuschen am meer.
die familie wird für eine woche bleiben.
gleich nach der ankunft hüpft max ins wasser.
hoffentlich bleibt das wetter die ganze zeit gut.
dann kann max jeden tag am strand spielen
und im warmen meer schwimmen.
bestimmt lernt er auch neue freunde kennen.

2 Schreibe die Sätze aus Aufgabe 1 richtig auf.

Max hat

1 Unterstreiche in den Sätzen alle Wörter, die du großschreiben musst.
Achtung: Auch Namen und am Satzanfang schreibt man groß.

lena bereitet ein referat für die schule vor.
das thema ist „erfindungen aus deutschland“.
lena findet das thema ganz spannend.
im internet findet sie viele informationen.
das auto ist eine deutsche erfindung.
auch die straßenbahn und die glühbirne
wurden in deutschland erfunden.
doch eine sache mag lena besonders gern.
ein mann aus bonn hat diese sache erfunden.
die erfindung heißt „gummibärchen“.

2 Schreibe die Sätze aus Aufgabe 1 richtig auf.

Lena bereitet

1 Stimmt das? Dann setze einen Haken ✔ in das Kästchen.

☐ Wörter mit der Endung **-ung** sind Nomen. Wir schreiben sie groß.

☐ Der Artikel bei Nomen mit der Endung **-ung** ist immer **die**.

2 Schreibe zu jedem Verb das passende Nomen mit der Endung **-ung**.

~~die Kreuzung~~	die Entwicklung	die Erzählung	die Kleidung
die Erklärung	die Öffnung	die Ernährung	die Führung
die Übung	die Rechnung	die Entdeckung	die Sammlung
die Wanderung	die Zeichnung	die Ordnung	die Impfung
die Erwartung	die Meinung		

kreuzen

die Kreuzung

erzählen

rechnen

erklären

kleiden

erwarten

sammeln

entwickeln

entdecken

üben

führen

meinen

impfen

ernähren

öffnen

ordnen

zeichnen

wandern

Nomen mit den Endungen -heit und -keit

1 Stimmt das? Dann setze einen Haken ✔ in das Kästchen.

- ☐ Wörter mit den Endungen **-heit** und **-keit** sind Nomen. Wir schreiben sie groß.
- ☐ Der Artikel bei Nomen mit den Endungen **-heit** und **-keit** ist immer **die**.

2 Schreibe zu jedem Adjektiv das passende Nomen mit der Endung **-heit**.

~~die Krankheit~~	die Dummheit	die Trockenheit	die Gesundheit
die Freiheit	die Schönheit	die Wahrheit	die Sicherheit

krank

die Krankheit

gesund

wahr

dumm

frei

schön

sicher

trocken

3 Schreibe zu jedem Adjektiv das passende Nomen mit der Endung **-keit**.

~~die Fröhlichkeit~~	die Süßigkeit	die Pünktlichkeit	die Wichtigkeit
die Flüssigkeit	die Langsamkeit	die Traurigkeit	die Feuchtigkeit

fröhlich

die Fröhlichkeit

pünktlich

flüssig

feucht

süß

traurig

wichtig

langsam

1 Unterstreiche alle Nomen mit den Endungen **-ung**, **-heit** und **-keit**.

Herr Bohne hat eine Erkältung und
kann deswegen heute nicht zur Arbeit gehen.
Er ruft im Büro an und meldet seine Krankheit.
Der Chef wünscht ihm gute Besserung.
Danach macht sich Herr Bohne einen Tee.
Wenn man krank ist, braucht man viel Flüssigkeit.
Das ist wichtig für die Gesundheit.
Dann setzt sich Herr Bohne vor die Heizung.
Er nimmt sich die Zeitung und liest ein bisschen.
Mit etwas Hoffnung ist er bald wieder gesund.

2 Schreibe die Sätze aus Aufgabe 1 ab.

Herr Bohne hat

1 Schreibe zu jedem Wort das passende Nomen mit der Endung **-e**.

~~die Stille~~	die Reise	die Spritze	die Ernte
die Falle	die Spitze	die Probe	die Pflanze
die Tiefe	die Weite	die Suche	die Liege

still
die Stille

tief

spitz

weit

pflanzen

reisen

spritzen

proben

ernten

fallen

liegen

suchen

2 Schreibe zu jedem Verb das passende Nomen mit der Endung **-er**.

~~der Mixer~~	der Lehrer	der Wecker	der Bohrer
der Fehler	der Fahrer	der Fernseher	der Schalter

mixen
der Mixer

lehren

fehlen

schalten

fernsehen

wecken

fahren

bohren

Adjektive mit den Endungen -ig und -lich

Ordne und schreibe die Adjektive mit **-ig** und **-lich**.

~~billig~~	~~ängstlich~~	lustig	sportlich
ordentlich	riesig	jugendlich	vergesslich
bergig	glücklich	ruhig	wichtig
durstig	herzlich	schmutzig	wirklich
fleißig	höflich	schrecklich	witzig
pelzig	heimlich	ähnlich	sandig

-ig

billig

-lich

ängstlich

1 Verbinde die Wörter, die zusammengehören.

2 Schreibe die Wortpaare.

Dreck	natürlich	Dreck – dreckig
Natur	dreckig	
Freund	freundlich	
Ecke	eckig	
Hunger	pünktlich	
Punkt	hungrig	
Kraft	kräftig	
nutzen	nützlich	
Mut	traurig	
Trauer	mutig	
Geiz	friedlich	
Frieden	geizig	

Schreibe die Adjektive in der Vergleichsstufe (Komparativ) und der Höchststufe (Superlativ).

~~bunter~~	~~am buntesten~~	heißer	feuchter
kälter	klüger	wichtiger	länger
jünger	am längsten	am feuchtesten	am klügsten
reicher	am wichtigsten	reifer	am reichsten
am kältesten	am heißesten	am reifsten	am jüngsten

bunt

bunter

am buntesten

heiß

jung

feucht

kalt

reif

klug

lang

wichtig

reich

1 Schreibe die Adjektive in die richtige Lücke.

~~frech~~	~~frecher~~	~~am frechsten~~
~~dreckig~~	dreckiger	am dreckigsten
heiß	~~heißer~~	am heißesten

Der Waschbär ist frech.

Gestern war er frecher.

Der Affe ist immer am frechsten.

Die Katze ist dreckig.

Der Hund ist ______.

Das Schwein ist ______.

Im Sommer ist es ______.

Nah am Feuer ist es heißer.

Die Sonne ist aber ______.

2 Schreibe die Adjektive in die richtige Lücke.

~~dünner~~	durstiger	dümmer	blond

Der Laternenpfahl ist dünner als der Baumstamm. Der ist nur dünn.

Der Löwe ist durstig. Aber das Kamel ist ______ als er.

Die Ente aus dem Comic ist dumm. Aber ______ als die Ente sind die Comic-Kojoten.

Papas Haare sind ______. Aber am blondesten sind die Haare von seiner Schwester.

1 Verbinde die passenden Silben und schreibe die Nomen in Silben auf.

Dot / Quel	le / ter	Dot-ter	Quel-le
Flos / Mit	se / tag		
Ted / Map	dy / pe		
Nüs / Don	ner / se		
Pud / Hes	sen / ding		
Päs / Schat	se / ten		
Schlös / But	ter / ser		
Bril / Löf	fel / le		

2 Zerlege die Nomen in Silben.

Fußbälle	Fuß –	bäl –	le
Herstellung	–	–	
Kompasse	–	–	
Pullover	–	–	

1 Verbinde die passenden Silben und schreibe die Nomen in Silben auf.

Bäl	le	Bäl-le	Zim-mer
Zim	mer		
Trep	sen		
Es	pe		
Schif	ler		
Tel	fe		
Pap	be		
Eb	pe		
Flüs	se		
Hum	mel		
Stäm	pe		
Grup	me		
Schlüs	sel		
Fut	ter		
Glät	ne		
Tan	te		
Tas	se		
Ham	mer		

2 Zerlege die Nomen in Silben.

Schmetterling	Schmet	ter	ling
Kartoffel			
Vorpommern			
Giraffe			

1 Verbinde die passenden Silben und schreibe die Verben in Silben auf.

schwim don	men nern	schwim-men	don-nern
ret küs	sen ten		
bren stel	nen len		
schaf mes	sen fen		
brül stim	len men		
füt tip	tern pen		
brum fres	men sen		
käm tref	fen men		
bit es	ten sen		

2 Zerlege die Verben in Silben.

gefressen	ge –	fres –	sen
verbrennen	–	–	
begonnen	–	–	
herstellen	–	–	

1 Verbinde die passenden Silben und schreibe die Wörter in Silben auf.

flüs	sig	flüs-sig	al-lein
al	lein		
Mes	ren		
ir	ser		
dop	pelt		
bil	lig		
Män	mer		
im	ner		
of	fen		
al	les		
schüt	teln		
bes	ser		
Mit	te		
klet	tern		
hof	le		
al	fen		
Ses	sel		
Num	mer		

2 Zerlege die Wörter in Silben.

treffen	tref – fen
hoffentlich	___ – ___ – ___
Wasserfälle	___ – ___ – ___ – ___
Treppenstufen	___ – ___ – ___ – ___

Ordne und schreibe die Wörter.

~~wir beißen~~	~~wir gewinnen~~	~~wir sammeln~~	~~wir lassen~~
~~wir passen~~	er hat gewonnen	er gewann	er hat gebissen
ich beiße	er hat gesammelt	du sammelst	der Gewinn
bisschen	er hat gelassen	er lässt	die Sammlung
er biss	der Biss	du passt	loslassen

Wortstamm **beiß** und **Biss / biss**

wir beißen

Wortstamm **Gewinn / gewinn** und **gewann** und **gewonn**

wir gewinnen

Wortstamm **Samm / samm**

wir sammeln

Wortstamm **lass** und **läss**

wir lassen

Wortstamm **pass**

wir passen

Wörter mit Doppelkonsonanten: Wortstamm

Ordne und schreibe die Wörter.

~~beginnen~~	~~kennen~~	~~schwimmen~~	~~messen~~
~~treffen~~	er hat getroffen	er schwamm	er misst
du schwimmst	er hat gekannt	es hat begonnen	er ist geschwommen
Miss!	er begann	er trifft	die Messung
du triffst	er kannte	kennenlernen	der Beginn

Wortstamm **Beginn / beginn** und **begann** und **begonn**

beginnen

Wortstamm **kenn** und **kann**

kennen

Wortstamm **schwimm** und **schwamm** und **schwomm**

schwimmen

Wortstamm **Mess / mess** und **Miss / miss**

messen

Wortstamm **treff** und **triff** und **troff**

treffen

1 Ordne richtig zu und schreibe die Wörter mit **Doppelkonsonanten**.

2 Unterstreiche alle **Doppelkonsonanten**.

~~glatt~~	hell	es brannte	Fluss
schlimm	bestimmt	er frisst	Kuss
Gott	Schiff	du brüllst	Stamm
Ball	es goss	nass	fett
krumm	nett		

Glätte	→	glatt	fettig	→	
brüllen	→		heller	→	
netter	→		Schiffe	→	
Götter	→		Stämme	→	
brennen	→		stimmen	→	
Nässe	→		Flüsse	→	
küssen	→		fressen	→	
Bälle	→		schlimmer	→	
krummer	→		sie gossen	→	

3 Stimmt das? Dann setze einen Haken ✔ in das Kästchen.

☐ Es gibt auch einsilbige Wörter mit Doppelkonsonanten. Beispiel: glatt

☐ Sucht man sich ein verwandtes Wort mit zwei Silben,
kann man beim Sprechen den Doppelkonsonanten hören.
Beispiel: Glät-te → glatt

Wörter mit Doppelkonsonanten

1 Schreibe die Wörter mit **Doppelkonsonanten**.

~~Bett~~	Gewitter	satt	Stoff
Programm	toll	passieren	stumm
vollständig	denn	musste	kaputt

Bett ____________________ ____________________

____________________ ____________________

____________________ ____________________

____________________ ____________________

____________________ ____________________

____________________ ____________________

2 Schreibe die Wörter aus Aufgabe 1 in die richtige Lücke.

Papa und ich machen einen Fernsehabend. Wir liegen im Bett ______ und draußen tobt ein ______. Aber egal. Nach dem guten Essen sind alle ______. Der ______ der Bettdecke ist warm und kuschelig und das ______ im Fernsehen ist ______.

Doch dann ______ mehrere Sachen gleichzeitig: Alle Lampen gehen aus und auch der Fernseher wird schwarz und ______. Es ist ______ dunkel bei uns. Papa grummelt, ob das ______ unbedingt jetzt passieren ______, und steht auf. Im Flur drückt er die Sicherung wieder rein. Das Licht geht wieder an und auch der Fernseher läuft.

Zum Glück ging nichts ______.

1 Ordne und schreibe die Wörter mit **ck** und **tz**.

~~die Brücke~~	~~die Verletzung~~	einpacken	der Schutz
jetzt	die Jacke	trocken	das Gesetz
der Rock	witzig	die Entwicklung	plötzlich
der Bäcker	die Katze	die Tatze	der Wecker

ck

die Brücke

tz

die Verletzung

2 Schreibe die Wörter mit **ck** und **tz** in die richtige Lücke.

~~zurück / Mecklenburg~~	Hitze / setzen	Stück / schmecken

Nicks Onkel zieht zurück nach Mecklenburg.

Die ______ ist zu viel für Oma Beck. Sie muss sich ______.

Patrick lässt sich das leckere ______ Torte ______.

Finde die Reimpaare und schreibe sie.

~~besetzt~~	Decke	Drucker	pflücken
Zucker	Witz	Blick	Plätze
Mütze	dick	schwitzen	Hecke
Rücken	Spatz	~~zuletzt~~	Witze
spritzen	Dreck	Platz	Sitz
Sätze	Hitze	Pfütze	Fleck

besetzt

zuletzt

1 **ck** oder **tz**? Trage die Wörter richtig ein und löse das Rätsel.

~~Gepä ?~~	Scha ?	Pfü ? e	Spi ? e
Glü ?	We ? er		

1 

2 

3 

4 

5 

6 

1 G e p ä c k

2 Trage das Lösungswort ein.

Wegen seiner G__________ trägt Herr Fritze eine Mütze.

3 Verwandle die Wörter.

wetzen	**tz → ck**	wecken
Schmuck	**ck → tz**	
blitzen	**tz → ck**	
Sack	**ck → tz**	
Mücke	**ck → tz**	
Blick	**ck → tz**	

Ordne und schreibe die Wörter mit **ck** und **tz**.

~~ich spritzte~~	~~drücken~~	~~der Nutzen~~	~~du backst~~
spritzig	du drückst	spritzen	der Bäcker
nützen	die Spritze	der Druck	backen
du spritzt	aufdrücken	nutzen	drückend
das Backpapier	nützlich	der Spritzer	erdrücken

Wortstamm **Spritz / spritz**

ich spritzte

Wortstamm **Druck** und **drück**

drücken

Wortstamm **Nutz / nutz** und **nütz**

der Nutzen

Wortstamm **Back / back** und **Bäck**

du backst

1 Finde die sechs Verben mit **pf** (Grundform) und kreise sie ein.
Die Wörter sind waagrecht und senkrecht angeordnet.

g	t	a	p	f	l	ü	c	k	e	n	n	ü	m	p	r
h	q	s	r	z	p	f	t	e	f	a	t	D	n	f	o
ü	r	g	n	a	i	m	p	f	e	n	h	n	v	e	m
p	m	l	g	i	ä	h	t	l	n	q	r	l	s	i	g
f	w	b	r	I	e	f	i	a	r	s	e	k	h	f	u
e	i	s	k	ä	m	p	f	e	n	n	l	o	i	e	t
n	k	p	f	l	a	n	z	e	n	i	p	s	f	n	e

2 Schreibe die Verben aus Aufgabe 1 zu den passenden Bildern.

 hüpfen

 ______

 ______

 ______

 ______

 ______

3 Schreibe die Wörter mit **Pf/pf** in die richtige Lücke.

~~Pflicht~~	schimpfen	Pflaster	Kampf

Wir haben die Pflicht, anderen Menschen zu helfen.

Tim muss mit dem Hund ______, weil dieser ins Bett springt.

Nina hat sich geschnitten. Deshalb braucht sie ein ______.

Welcher der beiden Boxer wird den ______ gewinnen?

1 Kreise in den Sätzen alle **Pf / pf** ein.

Pia hat zwanzig Bohnenpflanzen gepflanzt.
Nun pflegt sie die Bohnenpflanzen täglich.
Die Pflanzen sind sehr empfindlich.
Vorsichtig gießt Pia die Töpfe mit ihren Pflanzen.
Sie muss aufpassen, dass sie nichts vertropft.
Sonst bildet sich eine Pfütze auf dem Boden
und dann schimpft Mama mit ihr.
In einem Pflanzentopf ragt sogar schon
der kleine, grüne Zipfel einer Pflanze aus der Erde.
Pia freut sich schon darauf, die Bohnen zu pflücken.

2 Schreibe die Sätze aus Aufgabe 1 ab.

Pia hat

1 Stimmt das? Dann setze einen Haken ✔ in das Kästchen.

☐ Wörter mit **ch** werden unterschiedlich ausgesprochen.

☐ Manchmal ist das **ch** weich wie in „Fichte“.

☐ Manchmal ist das **ch** rau wie in „Strauch“.

2 Ordne und schreibe die Wörter mit **ch**.

~~die Fichte~~	~~der Strauch~~	das Zeichen	der Nachbar
gekrochen	richtig	gemocht	nichts
ähnlich	einfach	frech	manchmal
beobachten	kriechen	zeichnen	rechts
sicher	deutlich	das Dach	das Buch

weiches ch wie in „Fichte“

die Fichte

raues ch wie in „Strauch“

der Strauch

Ordne und schreibe die Wörter mit **ch**.

~~dicht~~	~~er kroch~~	schlecht	pünktlich
er sprach	plötzlich	nach	leuchten
hoffentlich	nämlich	durch	er hat gerochen
möchten	noch	die Gesichter	er hat gestrichen
der Nachmittag	die Köche	der Koch	auch
natürlich	sich	die Zeichnung	du sprichst

weiches ch wie in „Fichte“

dicht

raues ch wie in „Strauch“

er kroch

Schreibe die Wörter mit **ch** in die richtige Lücke.

~~besuchen~~	Nachbarn	Unterricht	Kirche
Woche	schrecklich	Gesicht	doch
vorsichtig	wirklich	Kuchen	reich
Früchten	riecht	Milch	lachen
fröhlich	brauchen	manchmal	bisschen

Die beiden Geschwister Niki und Elli besuchen

ihren ________ Onkel Albert. Sie sehen ihn

jeden Tag nach dem ________ auf der Bank

neben der ________ sitzen. Aber seit einer ________

macht er ein ________ trauriges ________.

Das machte Niki und Elli auch traurig, ________ sie haben eine Idee.

Als Onkel Albert ________ die Tür öffnet,

freut er sich ________, die Geschwister zu sehen.

Sie haben für ihn ________ gebacken und diesen ________

mit ________ belegt. Der Kuchen ________ sehr gut.

Dann sitzen alle am Tisch, trinken ________ und essen den Kuchen.

Jetzt ________ alle und sind ________.

Wir alle ________ einfach ________

nur ein ________ Gesellschaft.

Wörter mit St/st und Sp/sp

1 Stimmt das? Dann setze einen Haken ✔ in das Kästchen.

☐ Wörter mit **st** werden zwar „scht“ gesprochen, aber nur mit **st** geschrieben.

☐ Wörter mit **sp** werden zwar „schp“ gesprochen, aber nur mit **sp** geschrieben.

2 Ordne und schreibe die Wörter mit **St/st** und **Sp/sp**.

~~die Stange~~	~~die Spange~~	die Spritze	die Strände
stolz	spitz	der Streifen	das Stück
die Städte	der Stamm	die Strafe	der Sport
der Spaß	die Sprache	springen	spazieren
sprechen	der Stoff	stimmen	das Spiel

Wörter mit **St/st**

die Stange

Wörter mit **Sp/sp**

die Spange

1 Kreise in den Sätzen alle **St/st** und **Sp/sp** ein.

Wir fahren an den Strand!
Wir starten am Morgen.
Mama setzt sich ans Steuer des Autos.
Wir sind fast ganz allein auf der Straße.
Ich freue mich auf Eis am Stiel und
auf den Sprung in die kühlen Wellen.
Doch im Spiegel sehe ich dunkle Wolken.
Nähert sich ein Sturm? Ich spreche Mama an.
Sie runzelt die Stirn.
Sind wir zu spät für den Spaß?

2 Schreibe die Sätze aus Aufgabe 1 ab.

Wir fahren

1 Schreibe die Wörter mit **nk** in die richtige Lücke.

~~danke~~	Geschenk	Getränk	links
Schrank	schenken	krank	trank
trinkst	trinken		

Lieber Rico,

danke für dein wunderbares ______________!

Das Tablett für mein ______________ passt wunderbar ______________

neben den ______________. Du hättest mir wirklich nichts

______________ müssen, da du doch an dem Tag der Party

______________ warst. Ich ______________ auf dein Wohl und

hoffentlich ______________ du bald wieder mit mir Tee

oder wir ______________ gemeinsam von der Früchtebowle!

Ganz liebe Grüße!
Deine Tante Tamira

2 Ordne die Reimwörter aus Aufgabe 1 zu und schreibe.

der **Dank**

ich trank ______________ der ______________ ______________

das **Gelenk**

das ______________ das ______________

denken

____

1 Schreibe die Nomen mit **ng**.

~~die Zange~~	die Klingel	die Stange	die Dinge
der Engel	der Finger		

die Zange

2 Schreibe die Wörter mit **ng** in die richtige Lücke.

~~Spaziergang~~	singen	Schmetterlinge	Menge
jung	drängeln	ängstlich	hungrig
Rettung	Angst	Hunger	Zunge

Tante Tamira kommt von einem Spaziergang zurück.

Es ist ein schöner Tag. Vögel ______ und

______ tanzen über den Blumen.

Auf einmal sieht sie in ihrem Vorgarten jede ______

Bewegung unter einem Busch: Es sind Kätzchen!

Sie sehen sehr ______ aus. Die Kätzchen ______ sich

aneinander und maunzen ______ und ______.

Tante Tamira schreitet zur ______: „Keine ______!

Ich suche eure Mama! Dann müsst ihr auch keinen ______

mehr haben.“ Sie schnalzt mit der ______ und überlegt:

Wo fange ich am besten an zu suchen?

Ordne und schreibe die Wörter mit **ng**.

~~fangen~~	~~hängen~~	~~springen~~	~~angeln~~
~~lang~~	du fängst	der Angler	du springst
der Hang	die Angel	lange	langsam
ich sprang	er hing	er fängt	er hat gehangen
du angelst	die Langeweile	ich fing	der Sprung

Wortstamm **fang** und **fäng** und **fing**

fangen

Wortstamm **häng** und **hing** und **Hang/hang**

hängen

Wortstamm **spring** und **sprang** und **Sprung**

springen

Wortstamm **Ang/ang**

angeln

Wortstamm **Lang/lang**

lang

1 Stimmt das? Dann setze einen Haken ✔ in das Kästchen.

☐ **d** oder **t** am Ende des Worts? Man kann es hören, wenn man verlängert.
Ban? → Bänder → Ban**d**

☐ **g** oder **k** am Ende des Worts? Man kann es hören, wenn man verlängert.
Bur? → Bur**g**en → Bur**g**

☐ **b** oder **p** am Ende des Worts? Man kann es hören, wenn man verlängert.
Die? → Die**b**e → Die**b**

2 Ordne und schreibe die Nomen in der Einzahl.

~~Advent~~	~~Burg~~	~~Dieb~~	Band	Bank
Mittag	Urlaub	Pferd	Kalb	Licht
Zug	Wand	Erfolg	Bub	Grab
Schrank	Stab	Land		

d oder **t**?

viele Advente
der Advent

viele Bänder
das ____________

viele Pferde
das ____________

viele Lichter
das ____________

viele Wände
die ____________

viele Länder
das ____________

g oder **k**?

viele Burgen
die Burg

viele Bänke
die ____________

viele Mittage
der ____________

viele Züge
der ____________

viele Erfolge
der ____________

viele Schränke
der ____________

b oder **p**?

viele Diebe
der Dieb

viele Urlaube
der ____________

viele Kälber
das ____________

viele Buben
der ____________

viele Gräber
das ____________

viele Stäbe
der ____________

Schreibe die Nomen in der Einzahl.

d oder t?

viele Brände	viele Zelte	viele Felder
der Brand	das	das
viele Freunde	viele Abende	viele Feste
der	der	das
viele Hände	viele Gelder	viele Kleider
die	das	das
viele Geister	viele Lieder	viele Monde
der	das	der
viele Wälder	viele Hefte	viele Räder
der	das	das
viele Bilder	viele Strände	viele Hemden
das	der	das

g oder k?

viele Gänge	viele Berge	viele Käfige
der Gang	der	der
viele Werke	viele Kriege	viele Tage
das	der	der
viele Könige	viele Zwerge	viele Geschenke
der	der	das
viele Siege	viele Teige	viele Sonntage
der	der	der

b oder p?

viele Typen	viele Siebe	viele Körbe
der Typ	das	der

Ordne und schreibe die Verben in der er-Form.

~~mag~~	~~gibt~~	bleibt	liegt
hupt	schweigt	wiegt	erlaubt
schreibt	trinkt	glaubt	legt
piept	sagt	fragt	lebt
parkt	raubt	zeigt	hebt
klebt	wirkt	pumpt	steigt

g oder k?

mögen
er mag

liegen
er

schweigen
er

wiegen
er

trinken
er

legen
er

sagen
er

fragen
er

parken
er

zeigen
er

wirken
er

steigen
er

b oder p?

geben
er gibt

bleiben
er

hupen
er

erlauben
er

schreiben
er

glauben
er

piepen
er

leben
er

rauben
er

heben
er

kleben
er

pumpen
er

Ordne und schreibe die Wörter.

~~du wirst~~	~~du steigst~~	~~du schiebst~~	~~du biegst~~
ich steige	ich werde	er schiebt	er biegt
er steigt	er bog	er schob	er wird
er stieg	er wurde	wir steigen	wir biegen
wir werden	wir schieben	er ist gestiegen	er ist geworden

Wortfamilie **werden**

du wirst

Wortfamilie **steigen**

du steigst

Wortfamilie **schieben**

du schiebst

Wortfamilie **biegen**

du biegst

1 Verbinde die Wörter, die zusammengehören.

2 Schreibe die Wortpaare.

danken ○ ○ Lob | danken – Dank

loben ○ ○ Dank | ______

zelten ○ ○ Wut | ______

wütend ○ ○ Zelt | ______

ergeben ○ ○ Ergebnis | ______

Zeuge ○ ○ Zeugnis | ______

3 Schreibe die Wörter in die richtige Lücke.

~~Freundin / Rand~~	Nachmittag / Spaziergang	Laub / Obst
Strand / Sand	Ort / Deutschland	Fahrrad / Wind

Bernds Freundin ruft: „Spring nicht vom Rand in das Becken!“

Opa macht am ______ einen ______.

In unserem Garten sitzt ein Igel im ______ und frisst ______.

Am ______ baut Tarek eine große Burg aus ______.

Eulenberg ist ein kleiner ______ in ______.

Marta fährt mit ihrem ______ so schnell wie der ______.

Welcher Buchstabe passt? Ergänze. Die verlängerte Form hilft dir.

d oder t?

ein fremder Mann	eine alte Jacke	eine blonde Dame
frem[d]	al[ ]	blon[ ]
ein runder Ball	eine blinde Kuh	eine gesunde Ernährung
run[ ]	blin[ ]	gesun[ ]
eine bunte Bluse	eine wilde Fahrt	eine wütende Hexe
bun[ ]	wil[ ]	wüten[ ]
ein blöder Fehler	ein milder Winter	eine gute Fee
blö[ ]	mil[ ]	gu[ ]

g oder k?

eine kluge Frage	eine flüssige Seife	eine richtige Antwort
klu[g]	flüssi[ ]	richti[ ]
ein krankes Kind	eine fleißige Biene	eine schwierige Aufgabe
kran[ ]	fleißi[ ]	schwieri[ ]
eine riesige Spinne	ein starkes Mädchen	eine witzige Geschichte
riesi[ ]	star[ ]	witzi[ ]
eine schlanke Frau	eine dreckige Hose	ein mutiger Junge
schlan[ ]	drecki[ ]	muti[ ]
ein eckiger Teller	ein winziges Kätzchen	eine flinke Maus
ecki[ ]	winzi[ ]	flin[ ]

b oder p?

eine halbe Wurst	eine gelbe Blume	ein trübes Wetter
hal[b]	gel[ ]	trü[ ]
ein lieber Hund	ein tauber Mann	ein grober Sand
lie[ ]	tau[ ]	gro[ ]

Ordne und schreibe die Wörter.

~~schlagen~~	~~sie liebt~~	~~du probst~~	~~üben~~
du übst	du schlägst	die Verliebten	proben
der Schläger	du liebst	die Probe	der Schlag
die Liebe	die Übung	er schlägt	lieb
sie übt	der Vorschlag	lieben	er probt

Wortstamm **Schlag / schlag** und **Schläg / schläg**

schlagen

Wortstamm **Lieb / lieb**

sie liebt

Wortstamm **Prob / prob**

du probst

Wortstamm **Üb / üb**

üben

1 Verbinde die Wörter, die zusammengehören.

2 Schreibe die Wortpaare.

tausende	tausend	tausende – tausend
selber	selbst	
genügend	genug	
Ende	endlich	
Tage	abends	
Abende	täglich	
jemanden	jemand	
niemanden	niemand	

3 Schreibe die Wörter in die richtige Lücke.

~~weg~~	genügend	abends	niemand

Frau Brand kümmert sich um das Haus, wenn ihre Nachbarn weg sind.

Morgens gibt Frau Brand dem Kater Berti ________ Futter.

Auch ________ schaut sie noch einmal nach dem Kater.

Danach schließt sie die Tür gut ab, damit ________ einbricht.

1 Welcher Buchstabe passt? Ergänze. Die verlängerte Form hilft dir.

d oder t?

baden	reiten	binden
das Schwimmba[d]	der Rei[ ]stiefel	der Bin[ ]faden
viele Strände	viele Hände	viele Feste
der Stran[ ]korb	der Han[ ]schuh	das Fes[ ]zelt

g oder k?

steigen	tanken	schlagen
der Stei[g]bügel	die Tan[ ]stelle	die Schla[ ]sahne
viele Burgen	viele Flüge	viele Züge
das Bur[ ]tor	das Flu[ ]zeug	die Zu[ ]fahrt

b oder p?

kleben	schreiben	piepen
der Kle[b]stoff	der Schrei[ ]tisch	der Pie[ ]ton
viele Diebe	viele Stäbe	viele Siebe
der Die[ ]stahl	der Sta[ ]hochsprung	der Sie[ ]druck

2 Schreibe die Nomen in die richtige Lücke.

~~Fahrrädern~~	Schwimmbad	Flugzeug	Klebstoff

Wir machen einen Ausflug mit unseren [Fahrrädern].

David rutscht im [_] die Wasserrutsche hinunter.

Frau Kant fliegt diesen Sommer mit dem [_] in den Urlaub.

Ingrid und Mark basteln mit Schere und [_] bunte Zwerge.

Wörter mit silbentrennendem h, verlängern

1 Stimmt das? Dann setze einen Haken ✔ in das Kästchen.

☐ Wenn man das Wort verlängert, kann man das **h** hören.
Beispiel: das Gewei**h** → viele Gewei**h**e, er blü**h**t → blü**h**en

2 Schreibe die Nomen in der Einzahl.

~~Geweih~~	Schuh	Reh
Floh	Kuh	Zeh

viele Geweihe
das Geweih

viele Rehe
das ______

viele Schuhe
der ______

viele Kühe
die ______

viele Zehen
der ______

viele Flöhe
der ______

3 Schreibe die Verben in der er-Form.

~~blüht~~	glüht	näht
versteht	dreht	steht
geht	zieht	flieht

blühen
er blüht

gehen
er ______

drehen
er ______

glühen
er ______

fliehen
er ______

stehen
er ______

nähen
er ______

verstehen
er ______

ziehen
er ______

4 Schreibe die Wörter mit **silbentrennendem h** in die richtige Lücke.

~~Mühe/höher~~	steht/Reihe

Rahel hat keine Mühe, den Berg noch ______ hinaufzusteigen.

Johannes ______ an der Kasse an, bis er an der ______ ist.

1 Verbinde die Wörter, die zusammengehören.

2 Schreibe die Wortpaare.

drehen	du stehst	drehen – du drehst
stehen	du drehst	
gehen	du gehst	
verstehen	du verstehst	
sehen	es geschieht	
geschehen	er sieht	
früh	früher	
froh	frohe	
Ruhe	nah	
Nähe	ruhig	
weihen	Weihnachten	
nähen	Naht	
krähen	er weht	
wehen	er kräht	

1 Finde die sechs Verben mit **silbentrennendem h** (Grundform) und kreise sie ein. Die Wörter sind waagrecht und senkrecht angeordnet.

p	n	a	g	n	h	l	c	z	h	n	k	n	ü	r	w	g	s
r	q	g	e	h	e	n	f	t	e	f	b	b	z	n	f	o	p
ü	n	v	u	m	s	a	t	s	n	h	l	z	i	e	h	e	n
k	ä	r	q	g	l	ü	h	e	n	e	ü	a	l	p	i	g	v
l	h	s	t	e	h	e	n	i	a	p	h	h	k	t	f	m	f
n	e	l	s	t	l	i	n	s	t	h	e	i	r	s	e	n	t
n	n	n	h	f	t	a	s	q	e	z	n	n	s	f	n	e	r

2 Schreibe die Verben aus Aufgabe 1 zu den passenden Bildern.

 gehen ____________

 ____________

 ____________

 ____________

 ____________

 ____________

3 Zerlege die Wörter in Silben.

aufstehen	auf	– ste	– hen
weggehen		–	–
geschehen		–	–
Fernseher		–	–
verstehen		–	–

Ordne und schreibe die Wörter mit **silbentrennendem h.**

~~ich lieh~~	~~höher~~	~~früh~~	~~sehen~~
~~anziehen~~	die Höhe	fernsehen	leihen
früher	ziehen	hohe	das Frühstück
ausleihen	ansehen	die Erziehung	umziehen
der Sehtest	die Höhenangst	der Frühling	du leihst

Wortstamm **leih / lieh**

ich lieh

Wortstamm **Höh / höh** und **hoh**

höher

Wortstamm **Früh / früh**

früh

Wortstamm **Seh / seh**

sehen

Wortstamm **zieh**

anziehen

1 Verwandle die Wörter.

reißen	r → b	beißen
Füße	F → Gr	______
dreißig	dr → fl	______
Spaß	Sp → M	______
gießen	g → fl	______
heiß	h → Fl	______

2 Schreibe die Wörter mit ß in die richtige Lücke.

~~maß/Größe~~	Strauß/weißen	heiß/süß
fraß/dreißig	groß/größer	draußen/Fußball

Jonas maß seine Größe mit einem Maßband.

Oma bekommt von uns einen ______ mit ______ Rosen.

Das Kind isst Grießbrei. Der Brei ist ______ und ______.

Der gefräßige Affe ______ gestern ______ Bananen.

Der Riese ist ziemlich ______. Er ist ______ als ein Haus.

Lara ist ______ im Garten und spielt ______.

Ordne und schreibe die Wörter mit **ß**.

~~du gießt~~	~~heißen~~	~~schließlich~~	~~du grüßt~~
~~der Spaß~~	gießen	du schließt	du heißt
begrüßen	er hieß	der Gruß	die Gießkanne
spaßen	spaßig	schließen	grüßen
ausgießen	der Spaßvogel	das Schließfach	ich heiße

Wortstamm **Gieß / gieß**

du gießt

Wortstamm **heiß / hieß**

heißen

Wortstamm **Schließ / schließ**

schließlich

Wortstamm **Gruß** und **grüß**

du grüßt

Wortstamm **Spaß / spaß**

der Spaß

1 Verbinde die Wörter, die zusammengehören.

2 Schreibe die Wortpaare.

Dorf	fröhlich	Dorf – Dörfer
froh	Dörfer	
Trost	du tröstest	
Block	Blöcke	
Futter	schützen	
Schutz	füttern	
Korn	Körner	
hohl	Höhle	
Kuss	stürmisch	
Sturm	küssen	
Chor	natürlich	
Natur	Chöre	
Nuss	Nüsse	
Sohn	Söhne	

1 Schreibe die Wörter.

~~Füchse~~	genügend	Friedhöfe	Schlösser
höhere	Hühner	Fuchs	Früchte
Brötchen	zukünftig		

Füchse ____________ ____________

____________ ____________

____________ ____________

____________ ____________

____________ ____________

2 Schreibe die Wörter aus Aufgabe 1 in die richtige Lücke.

Wusstest du, dass es in Großstädten immer mehr Füchse gibt? Die klugen Tiere finden hier ____________ ruhige Rückzugsorte wie etwa ____________ oder die Parks rund um ____________ oder Herrenhäuser. Selbst ____________ Mauern können die Tiere überwinden. Wehe dem, der ____________ in seinem Stadthof hält! Aber auch ohne die Hühner findet ein ____________ viel Nahrung bei uns: ____________ wie Äpfel, weggeworfene ____________ oder Kleintiere wie Mäuse und Kaninchen, die ebenfalls in den Gärten oder Parks zu finden sind. Und ____________ wird es wohl auch immer mehr Wildtiere in der Stadt geben, da die anderen Lebensräume immer mehr zerstört werden.

1 Stimmt das? Dann setze einen Haken ✔ in das Kästchen.

- ☐ Aus **A/a** in der Einzahl wird oft **Ä/ä** in der Mehrzahl.
  Beispiel: **Arzt** → **Ärzte**
- ☐ Aus **Au/au** in der Einzahl wird oft **Äu/äu** in der Mehrzahl.
  Beispiel: Kr**au**t → Kr**äu**ter

2 Schreibe die Mehrzahl.

aus **A/a** wird **Ä/ä**

der Arzt
viele Ärzte

der Draht
viele ______

der Spaß
viele ______

der Fußball
viele ______

der Saft
viele ______

der Brand
viele ______

der Pass
viele ______

der Stamm
viele ______

der Mann
viele ______

die Nacht
viele ______

der Platz
viele ______

die Stadt
viele ______

aus **au** wird **äu**

die Faust
viele ______

der Raum
viele ______

das Haus
viele ______

das Kraut
viele ______

die Haut
viele ______

der Baum
viele ______

1 Finde die Wortpaare und schreibe sie.

~~jagen~~	der Arzt	das Rätsel	der Bäcker
wachsen	die Angst	die Ärztin	ängstlich
raten	der Glanz	die Nässe	das Gewächs
backen	nass	glänzen	~~der Jäger~~

jagen
der Jäger

2 Finde die Wortpaare und schreibe sie.

~~der Raum~~	verkaufen	der Räuber	~~räumen~~
der Haufen	rauben	die Verkäuferin	häufig

der Raum
räumen

Ableiten: Umlaute A/a → Ä/ä, au → äu

1 Finde die Wortpaare und schreibe sie.

~~waschen~~	die Gefahr	die Hälse	die Stärke
der Drang	die Wahl	die Bälle	drängeln
die Zahl	der Hals	~~die Wäsche~~	gefährlich
der Ball	stark	wählen	zählen

waschen
die Wäsche

2 Finde die Wortpaare und schreibe sie.

~~der Raum~~	der Rauch	~~aufräumen~~	träumen
der Strauß	der Traum	räuchern	die Sträuße

der Raum
aufräumen

Ordne und schreibe die Wörter.

~~baden~~	~~fahren~~	~~lang~~	~~nähen~~
~~laufen~~	die Bäder	länger	du läufst
die Länge	die Nähte	das Bad	die Fahrräder
die Naht	der Läufer	das Fahrrad	du fährst vor
er läuft	länglich	du nähst	das Schwimmbad

Wortstamm **Bad / bad** und **Bäd**

baden

Wortstamm **Fahr / fahr** und **fähr**

fahren

Wortstamm **lang** und **Läng / läng**

lang

Wortstamm **Nah** und **Näh / näh**

nähen

Wortstamm **lauf** und **Läuf / läuf**

laufen

Wörter mit i und ie

1 Zerlege die Wörter in Silben.

Kiefer	Kie – fer		Hitze	______ – ______	
Zwiebel	______ – ______		Miete	______ – ______	
Blinde	______ – ______		Briefe	______ – ______	

2 Schau dir die Wörter von Aufgabe 1 noch einmal genau an.
Stimmt das? Dann setze einen Haken ✔ in das Kästchen.

☐ Kommt in der ersten Silbe nach dem Vokal noch mindestens ein weiterer Buchstabe, dann wird das Wort mit **i** geschrieben. Beispiel: Hitze

☐ Kommt in der ersten Silbe nach dem Vokal kein weiterer Buchstabe, dann wird das Wort mit **ie** geschrieben. Beispiel: Kiefer

3 Ordne und schreibe die Wörter mit **i** und **ie**.

~~die Lieder~~	~~die Kirche~~	der Riese	binden
kriechen	die Fichte	spiegeln	liegen
impfen	der Winter	die Kriege	der Pinsel

ie

die Lieder ______ ______
______ ______
______ ______

i

die Kirche ______ ______
______ ______
______ ______

1 Finde die Wortpaare und schreibe sie.

~~ziehen~~	schließen	du kriechst	er riecht
schieben	kriechen	~~du ziehst~~	du schließt
frieren	riechen	er schiebt	du frierst

ziehen
du ziehst

2 Finde die Wortpaare und schreibe sie.

~~die Tiefe~~	der Frieden	zielen	schwierig
das Ziel	die Schwierigkeit	riesig	lieben
der Riese	die Liebe	~~tief~~	friedlich

die Tiefe
tief

Wörter mit ie: Wortstamm

Ordne und schreibe die Wörter mit **ie**.

~~schwierig~~	~~schließen~~	~~nie~~	~~tief~~
~~ziehen~~	schwieriger	niemand	niemals
schließlich	die Tiefe	er zieht	schwierige
du ziehst	du schließt	tiefer	die Schwierigkeit
niemanden	die Erziehung	die Schließung	vertiefen

Wortstamm **Schwierig / schwierig**

schwierig

Wortstamm **Schließ / schließ**

schließen

Wortstamm **nie**

nie

Wortstamm **Tief / tief**

tief

Wortstamm **zieh**

ziehen

1 Schreibe die Wörter mit **i**.

~~Idee~~	Virus	Familie	Taxi
Musik	Radio	Afrika	Pyramide
Amerika	Kino	Biber	Tiger

Idee

2 Schreibe die Wörter aus Aufgabe 1 in die richtige Lücke.

Ich habe eine Idee:

Wenn wir alle eine Impfung gegen das _____ haben, mache ich mit meiner _____ eine Weltreise! Mit dem _____ fahren wir zum Flughafen. Es läuft tolle _____ im _____. Dann fliegen wir nach _____. Dort steht auch die große _____. Später fliegen wir weiter. Vielleicht nach _____. Dort schauen wir zu, wie ein Film für das _____ gedreht wird. Oder wir beobachten _____ und _____ im Zoo von New York. Das würde mir sehr gut gefallen!

Fremdwörter mit -ine

1 Ordne richtig zu und schreibe die Nomen mit **-ine**.

~~Magazine~~	Cousine	Mandarine	Maschine
Ruine	Pinguine	Gardine	Rosine

Zeitschriften → Magazine

getrocknete Traube → ______

Verwandte → ______

flugunfähige Vögel → ______

Obst → ______

technisches Gerät → ______

zerstörtes Haus → ______

Vorhang → ______

2 Schreibe sechs Nomen aus Aufgabe 1 in die richtige Lücke.

Meine Oma liest gerne Magazine.

Auf meinem Keks ist eine einzelne ______.

Meine ______ und ich besuchen im Zoo die ______.

Ich esse gerne eine ______ nach dem Essen.

Eine ______ zum Nähen nennt man Nähmaschine.

1 Ordne richtig zu und schreibe die Verben mit **-ieren**.

~~passieren~~	skizzieren	nummerieren	spazieren
trainieren	informieren	verlieren	probieren

der Pass → passieren

die Probe → ______

die Skizze → ______

das Training → ______

der Verlust → ______

die Information → ______

die Nummer → ______

der Spaziergang → ______

2 Schreibe sechs Verben aus Aufgabe 1 in die richtige Lücke.

Wir passieren die Grenze nach Frankreich.

Wir ______ von den Süßigkeiten.

Bevor Maler malen, ______ sie ein Bild.

Die Schüler ______, damit sie das Turnier nicht ______.

Die Schiedsrichter ______ über die Ergebnisse.

Wörter mit vokalisiertem r

1 Schreibe die Wörter mit **r**.

~~die Tür~~	wirklich	die Geburt	der Urlaub
morgen	merken	sofort	das Ergebnis
schwer	hart		

die Tür ______ ______

______ ______

______ ______

______ ______

______ ______

2 Schreibe die Wörter mit **r** in die richtige Lücke.

~~Natur~~	Burg	werfen	Dorf
Arzt	ernten	flüstern	gestern

In der Natur ______ gibt es überall Tiere und Pflanzen zu entdecken.

Früher lebten tapfere Ritter auf dieser alten ______.

Die Kinder ______ sich gegenseitig den Ball zu.

Mark wohnt in der Stadt. Barbara wohnt auf dem ______.

Der ______ gibt dem Patienten eine Spritze gegen die Schmerzen.

Nächste Woche sind die Äpfel reif. Dann können wir sie ______.

Die beiden Mädchen ______, weil sie ein Geheimnis haben.

Wann seid ihr ______ Abend nach Hause gekommen?

1 Trage die Wörter richtig ein und löse das Rätsel.

~~Vampir~~	Eltern	Sturm	Nashorn
Chor	Erde	Wurst	

1 

2 

3 

4 

5 

6 

7 

1 V a m p i r

2 Trage das Lösungswort ein.

Der V__________ des Schnabeltiers ist Rico.

3 Schreibe die Wörter mit **r** in die richtige Lücke.

~~voraus/dort~~	Markt/schwer	Karten/Werder
Tür/Garten	Würfel/schwarz	

Geh schon einmal voraus__________ und warte dort__________ auf mich.

Lars hat einiges auf dem __________ geholt. Die Tüten sind __________.

Marta hat __________ für ein Fußballspiel von __________ Bremen.

Daniel öffnet die __________ und geht in den __________.

Die __________ sind __________. Sie gehören Mareike und Steffi.

1 Finde die Reimpaare und schreibe sie.

~~nur~~	Stern	Sturz	gern
darf	kurz	~~Flur~~	schwer
Arm	Berg	Zwerg	hart
wer	Start	warm	scharf

nur
Flur

2 Verbinde die Wörter, die zusammengehören.

3 Schreibe die Wortpaare.

antworten	du darfst	antworten – Antwort
wir dürfen	Antwort	
kürzer	kurz	
wir werden	er wird	

Ordne und schreibe die Wörter mit **r**.

~~stark~~	~~erstens~~	~~der Durst~~	~~schärfen~~
stärker	erst	dursten	die Stärke
scharf	der Erste	die Starke	die Schärfe
zuerst	stärken	verdursten	die Erste
durstig	erster	schärfer	die Stärkung

Wortstamm **Stark / stark** und **Stärk / stärk**

stark

Wortstamm **Erst / erst**

erstens

Wortstamm **Durst / durst**

der Durst

Wortstamm **scharf** und **Schärf / schärf**

schärfen

Ordne die passenden Reimwörter zu und schreibe sie.

~~brav~~	versuchen	Vorsicht	Advent
er vergaß	vielleicht	verwandt	er vergisst
verbrauchen	voll	verbieten	verstecken
Vulkan	viel	Silvester	vier
steinhart	vollständig	vergessen	Verletzung
Vase	Verwandter		

Schaf →	brav	Gesandter →	
vermieten →		Orchester →	
Stiel →		Orkan →	
hier →		bedecken →	
er hat Spaß →		entspannt →	
vermessen →		Blase →	
Fortsetzung →		Kuchen →	
gebleicht →		beidhändig →	
Torwart →		toll →	
Blaulicht →		Moment →	
verstauchen →		sie hisst →	

1 Schreibe die Wörter mit **V/v**.

~~verlieren~~	er verlor	vorsichtig	vorher
Pullover	verstecken	Virus	vorne
Silvester	bevor		

verlieren ______ ______
______ ______
______ ______
______ ______
______ ______

2 Schreibe die Wörter mit **V/v** in die richtige Lücke.

~~Viren~~	vom	Versteck	vorne
verletzen	vorsichtig	voraus	vorbei

Viviens Hund braucht wieder seine Impfungen gegen Viren. Doch der Hund scheint wie ______ Erdboden verschluckt. Sie findet ihn in seinem ______. Er hockt unter dem Tisch und ______ schaut sein Schwanz hervor. Da Vivien ihn nicht ______ will, lockt sie ihn ______ mit einem Stück Wurst heraus. Mit der Wurst ______ folgt ihr der Vierbeiner auch zum Tierarzt. Der Piks ist ganz schnell ______. Nur die Wurst ist noch schneller verschlungen.

Ordne und schreibe die Wörter mit **x, chs** und **ks**.

~~der Text~~	~~der Fuchs~~	~~der Keks~~	die Füchse
die Äxte	das Gewächs	das Taxi	gewachsen
links	mixen	das Wachs	das Lexikon
der Lachs	wechseln	boxen	sechs
die Axt	wachsen	der Luchs	der Dachs
die Lexika	die Eidechse		

Wörter mit **x**

der Text

Wörter mit **chs**

der Fuchs

Wörter mit **ks**

der Keks

1 Kreise in den Sätzen alle **x, chs** oder **ks** ein.

Felix las in einem Text von Alexa.
Alexa wuchs bei sechs Hexen auf.
Eines Tages fand sie eine Kiste Kekse
und viele Lexika.
Sie lernte alles von A wie Axt bis Z wie Zuwachs.
Sie lernte so boxen oder
wie man Getränke mixen kann.
Wie ein Lachs aussieht, wusste sie dann auch.
Felix will auch so ein Lexikon haben.
Er wünscht es sich von Papa Axel zu Weihnachten.

2 Schreibe die Sätze aus Aufgabe 1 ab.

Felix las

1 Verbinde die Wörter, die zusammengehören.

2 Schreibe die Wortpaare.

erzählen	Erzählung	erzählen – Erzählung
Wahl	wählen	
Draht	Ernährung	
ernähren	Drähte	
führen	Lehrerin	
Lehrer	Führung	
hohl	Höhle	
Gefahr	gefährlich	
Jahr	er nahm	
nehmen	jährlich	
Stuhl	Stühle	
fühlen	du fühlst	
fröhlich	Fröhlichkeit	
früh	Frühstück	

1 Ordne die passenden Reimwörter zu und schreibe sie.

befehlen	Feuerwehr	Wahrheit	zehn
Fahrrad	Huhn	Löhne	ehrlich
Wahl	Mühle	bohren	kühl

stehlen → befehlen

tun →

schwül →

kahl →

Klarheit →

Strandbad →

Söhne →

Verkehr →

Sporen →

Stühle →

Seen →

gefährlich →

2 Finde die Reimpaare und schreibe sie.

Ohr	fühlen	kühlen	Zahn
Lohn	Bahn	wahr	Rohr
Jahr	wohl	hohl	Sohn

Ohr

Rohr

1 Schreibe die Wörter mit **Dehnungs-h**.

~~sehr~~	Nahrung	ihr	mahlen
Mühlen	ohne	ungefähr	Zahl
ihnen	mehr		

sehr ______ ______

______ ______

______ ______

______ ______

______ ______

2 Schreibe die Wörter aus Aufgabe 1 in die richtige Lücke.

Brot war schon immer ein sehr ______ wichtiger Teil unserer ______. Früher mussten alle das Getreide für ______ Brot selbst ______. Große ______ wurden erst später erfunden. Und ______ die heutige Technik war das harte Arbeit. Die Menschen mussten ______ 10 000 Weizenkörner für ein einziges Brot vermahlen. Was für eine große ______! Wahrscheinlich hat ______ aber das selbstgebackene Brot besser geschmeckt als uns so manches Industriebrot von heute. Mit Maschinen lässt sich heute viel schneller ______ Brot herstellen.

Ordne und schreibe die Wörter mit **Dehnungs-h**.

~~fahren~~	~~fühlen~~	~~stehlen~~	~~zählen~~
du fährst	die Zahlen	der Diebstahl	das Gefühl
ich stehle	ich fuhr vor	die Fahrt	ich stahl
du fühlst	du stiehlst	die Vorfahrt	du stahlst
du zählst	verzählen	die Gefühle	die Fahrräder

Wortstamm **Fahr/fahr** und **fähr** und **fuhr**

fahren

Wortstamm **fühl**

fühlen

Wortstamm **stehl** und **stiehl** und **stahl**

stehlen

Wortstamm **zähl** und **Zahl**

zählen

1 Finde die Reimpaare und schreibe sie.

~~Beere~~	Haare	Klo	Paare
Zoo	leer	Aal	Meer
Saal	See	~~Schere~~	Los
Moos	Boot	Brot	Tee

Beere

Schere

2 Schreibe die Wörter mit **Doppelvokal** in die richtige Lücke.

~~Seen~~	Beet	Moschee	Waage

In Mecklenburg gibt es viele Seen.

Im ________ wachsen leckere Erdbeeren.

Die ________ wird feierlich eröffnet.

Beim Backen braucht man oft eine ________.

Löse das Rätsel. Trage die Wörter richtig ein.

Mädchen	Lärm	Käfige	Märchen
Rätsel	später	ungefähr	nämlich
ärgern	Träne	~~Käfig~~	während
Mähne	Käfer	Käse	gähnen

- Der Vogel sitzt in einem Käfig.
- Ein Flugzeug und ein Rasenmäher machen sehr viel ______.
- kein Junge, sondern ein ______
- nicht früher, sondern ______
- die Einzahl von „Tränen“: eine ______
- die Mehrzahl von „Käfig“: viele ______
- „Schneewittchen und die 7 Zwerge“ ist ein ______.
- das Wort „ungefährlich“ ohne **-lich**: ______
- Diese Aufgabe ist ein ______.
- ersetze **d** durch **n**: dämlich → ______
- Das machen Geschwister oft: sich gegenseitig ______
- Nicht danach oder davor, sondern ______.
- ein Insekt mit sechs Beinen: ______
- Aus Milch kann man ______ herstellen.
- Wenn wir müde sind, müssen wir oft ______.
- Der Löwe hat eine flauschige ______.

1 Verbinde die Wörter, die zusammengehören.

2 Schreibe die Wortpaare.

Steuer	Steuerung	Steuer – Steuerung
deutsch	Deutschland	
Kreuz	Freude	
freuen	Kreuzung	
feucht	Feuchtigkeit	
Feuer	Feuerwehr	
Freund	Beleuchtung	
leuchten	freundlich	

3 Ordne richtig zu und schreibe die Wörter mit **Eu/eu**.

~~Europa~~	neu	Zeugnis	Ungeheuer

Kontinent	→	Europa
Monster	→	
nicht alt	→	
Urkunde	→	

Wörter mit Eu/eu: Sätze

1 Kreise in den Sätzen alle **Eu/eu** ein.

Manche Leute mögen keine Hunde.
Aber heute hat meiner uns das Leben gerettet.
Es war etwa neun Uhr.
Er war wohl wach wie eine Eule.
Auf einmal bellte er laut und deutlich.
Das war neu.
Sonst ist mein treuer Freund immer leise.
Und dann roch ich das Feuer!
Ihr könnt euch freuen: Wir löschten das Feuer.
Bald war alles nur noch feucht.

2 Schreibe die Sätze aus Aufgabe 1 ab.

Manche Leute

Ordne und schreibe die Wörter alphabetisch von A bis w.

~~Aquarien~~	Skizze	fair	Beispiel
international	~~E-Mail~~	Quiz	vielleicht
niemals	hübsch	~~Medien~~	Radio
Qualm	Temperatur	Jugend	~~unsere~~
Pizza	Obst	während	Linie
Diskette	Geld	bequem	Herbst
Theater	Chef		

Aquarien

E-Mail

Medien

unsere

1 Schreibe die **Merkwörter/Fremdwörter**.

~~Apotheke~~	Christ	Pullover	Lineal
Roland	Training	Magnet	rechts
mailen	Religion	Theater	Familie

Apotheke

2 Schreibe die **Merkwörter/Fremdwörter** in die richtige Lücke.

~~Interview~~	Medien	Chance	Internet
surfen	Themen	Informationen	Tablet-PCs
E-Mail	cool		

Ich habe ein Interview gesehen. Darin hat ein Wissenschaftler bestätigt, dass die neuen ______ eine große ______ für uns sind. Wenn wir im ______ ______, können wir zu allen ______ viele ______ finden. Durch neue Geräte wie ______ können wir zum Beispiel überall eine ______ schreiben. Das ist schon sehr ______!

1 Schreibe die Verben mit der Vorsilbe **vor-**.

vor-	~~lesen~~	nehmen	schlagen	schreiben

vorlesen ______ ______ ______

2 Schreibe die Nomen mit der Vorsilbe **Vor-**.

~~die Vorsicht~~	der Vorteil	das Vorkommen	die Vorfahrt

die Vorsicht ______ ______ ______

3 Schreibe die Wörter mit der Vorsilbe **Vor-/vor-** in die richtige Lücke.

~~Vorfahren/Vorpommern~~	vorkommen/vorrechnen	vorsichtig/vorbei
Vormittag/vortragen	Vornamen/vorlesen	vorgestern/Vortrag
Vorsicht/Vorfahrt		

Maras Vorfahren kommen aus Vorpommern.

Tim darf an die Tafel ______ und ______.

Der Fahrradfahrer fährt ______ am Auto ______.

Am ______ dürfen die Kinder Gedichte ______.

Der Mann soll seinen ______ laut ______.

Jan hat ______ einen ______ gehalten.

______: Autos haben hier ______!

1 Schreibe die Verben mit der Vorsilbe **ver-**.

ver-	~~kleiden~~	trauen	packen	raten

verkleiden

2 Schreibe die Nomen mit der Vorsilbe **Ver-**.

~~die Verschmutzung~~	die Verletzung	das Versteck	der Versuch
die Verkäuferin	der Verein	das Verbot	die Verkleidung

die Verschmutzung

3 Zerlege die Wörter in Silben.

vereinen	ver	ei	nen
verbrennen			
Verkäufer			
verbrauchen			
Vertrauen			
verspäten			

Ordne und schreibe die Verben mit der Vorsilbe **ver-**.

~~wir verlieren~~	~~wir vergessen~~	~~wir versprechen~~	~~wir vergleichen~~
~~wir verletzen~~	er verletzte	er vergaß	ich verglich
sie vergaßen	du vergleichst	er verlor	du vergisst
er versprach	du verlierst	er verspricht	er verglich
du verletzt	ich verspreche	ich verlor	ich verletzte

Wortfamilie **verlieren**

wir verlieren

Wortfamilie **vergessen**

wir vergessen

Wortfamilie **versprechen**

wir versprechen

Wortfamilie **vergleichen**

wir vergleichen

Wortfamilie **verletzen**

wir verletzen

1 Welche Vorsilbe passt? Verbinde das Verb mit der richtigen Vorsilbe und schreibe.

vor- / ver-	bieten	verbieten
vor- / ver-	schwinden	
vor- / ver-	stecken	
vor- / ver-	gleichen	

2 Schreibe die Verben aus Aufgabe 1 in die richtige Lücke.

Meine Eltern verbieten mir, vor dem Essen Süßigkeiten zu naschen.

Bei uns ______ immer Socken in der Waschmaschine.

Der Hund muss sich unter dem Sofa vor der Katze ______.

Lara und Lisa ______ ihre Haarfarben miteinander.

3 Welche Vorsilbe passt? Ergänze **vor-** oder **ver-**.

Für die Party verkleidest du dich als lustiger Clown.

Tim möchte Lena ____schlagen, heute zusammen ins Kino zu gehen.

Der König will verreisen und lässt schon einmal die Kutsche ____fahren.

Pass auf, dass du dich nicht an der heißen Herdplatte ____brennst!

Schreibe die Verben mit der Vorsilbe.

auf-	~~passen~~	wecken	stehen	räumen

aufpassen

be-	grüßen	nehmen	fehlen	lohnen

ent-	decken	fernen	wickeln	scheiden

um-	kehren	fahren	rechnen	rühren

er-	klären	leben	zählen	halten
	schrecken	reichen	finden	kennen

1 Welche Vorsilbe passt? Verbinde das Verb mit der richtigen Vorsilbe und schreibe.

emp- / ge-	fallen	gefallen
emp- / zer-	finden	
ein- / über-	queren	
her- / ge-	stellen	
ein- / zer-	steigen	

2 Schreibe die Verben aus Aufgabe 1 in die richtige Lücke.

Ich habe mehrere Fotos gemacht. Welche gefallen dir am besten?

Wenn wir anderen helfen können, ________ wir Freude.

Wir sollten die Straße besser beim Zebrastreifen ________.

Wusstest du, dass man Butter ganz einfach selbst ________ kann?

Wir fragen den Busfahrer, ob wir schon in den Bus ________ dürfen.

3 Welche Vorsilbe passt? Ergänze **ein-** oder **zer-**.

Der Koffer ist voll. Mara kann nicht noch mehr Kleider ____packen.

Im Mathematikunterricht lernen die Kinder heute, wie sie Zahlen ____legen.

Unregelmäßige Verben: Präteritum

1 Verbinde die Wörter, die zusammengehören.

2 Schreibe die Wortpaare.

wir denken	wir dachten	wir denken – wir dachten
wir singen	wir sangen	
wir bleiben	wir aßen	
wir essen	wir blieben	
wir geben	wir saßen	
wir sitzen	wir gaben	
wir gehen	wir gingen	
wir ziehen	wir zogen	
wir kommen	wir kamen	
wir trinken	wir tranken	
wir lesen	wir riefen	
wir rufen	wir lasen	
wir fallen	wir fielen	
wir heißen	wir hießen	

1 Verbinde die Wörter, die zusammengehören.

2 Schreibe die Wortpaare.

wir tragen	wir hingen	wir tragen – wir trugen
wir hängen	wir trugen	
wir steigen	wir konnten	
wir können	wir stiegen	
wir schieben	wir schoben	
wir scheinen	wir schienen	
wir laufen	wir ließen	
wir lassen	wir liefen	
wir müssen	wir mussten	
wir liegen	wir lagen	
ich lese vor	ich mochte	
ich mag	ich las vor	
ich schiebe	ich schob	
ich schreie	ich schrie	

Schreibe die Verben im Perfekt (gesprochene Vergangenheit).

~~gerissen~~	gekrochen	geschlossen	gewusst
geschwommen	gebeten	gemocht	gestritten
gewonnen	gestrichen	geschwiegen	gebogen
gegossen	gehangen	gekannt	gebissen
geschoben	getroffen	gezogen	gelassen

er reißt
er hat gerissen

er gewinnt
er hat ______

er bittet
er hat ______

er kriecht
er ist ______

er trifft
er hat ______

er beißt
er hat ______

er schiebt
er hat ______

er zieht
er hat ______

er biegt
er hat ______

er weiß
er hat ______

er gießt
er hat ______

er hängt
er hat ______

er schwimmt
er ist ______

er kennt
er hat ______

er lässt
er hat ______

er mag
er hat ______

er streicht
er hat ______

er schließt
er hat ______

er schweigt
er hat ______

er streitet
er hat ______

Ordne und schreibe die Wörter.

~~wir dürfen~~	~~wir frieren~~	~~wir messen~~	~~wir schlafen~~
du darfst	wir maßen	er misst	ich durfte
Miss!	wir schliefen	er fror	er maß
du frierst	er hat gedurft	er hat gemessen	du schläfst
du schliefst	er schlief	er hat gefroren	er hat geschlafen

Wortfamilie **dürfen**

wir dürfen

Wortfamilie **frieren**

wir frieren

Wortfamilie **messen**

wir messen

Wortfamilie **schlafen**

wir schlafen

Markiere die Trennstellen und schreibe die Wörter in Schreibsilben auf.

Bo|den	Bo-den	neu	neu
etwas		beide	
gehören		jagen	
Luft		mögen	
helfen		weinen	
Nase		freuen	
Stein		gegen	
reiten		neben	
runter		Wagen	
heute		bremsen	
Hals		Seite	
genau		jeder	
Zeitung		hier	

1 Stimmt das? Dann setze einen Haken ✔ in das Kästchen.

☐ Bei der Worttrennung in Schreibsilben darf **sch** und **ch** nicht getrennt werden.
Beispiel: Fla-**sche**, Sa-**che**

☐ Bei der Worttrennung in Schreibsilben wird **ng** und **nk** getrennt.
Beispiel: Fi**n**-**g**er, ta**n**-**k**en

☐ Am Wortanfang und Wortende darf kein einzelner Buchstabe abgetrennt werden. Beispiel: **o**ben, **E**le-fant

2 Markiere die Trennstellen und schreibe die Wörter in Schreibsilben auf.

Sa|che	Sa-che	oben	oben
tan|ken	tan-ken	schlecht	
Flasche		sprechen	
schenken		Loch	
Tasche		Ding	
Licht		zwischen	
springen		Elefant	
Geschichte		Mensch	
reich		Finger	
Fisch		Milch	